"十二五"普通高等教育本科国家级规划教材
全国高等学校体育教学指导委员会审定
高等学校教材

羽毛球运动

Yumaoqiu Yundong

第二版

张瑞林　总主编
王　波　何秋华　谢　飞　主编

高等教育出版社·北京

图书在版编目（CIP）数据

羽毛球运动/张瑞林总主编. —2 版. —北京：高等教育出版社，
2010. 1 (2024.12重印)
ISBN 978-7-04-028370-9

Ⅰ. 羽… Ⅱ. 张… Ⅲ. 羽毛球运动-高等学校-教材 Ⅳ. G847

中国版本图书馆 CIP 数据核字（2009）第 227504 号

策划编辑 范 峰　　责任编辑 王 玲　　封面设计 王凌波
版式设计 范晓红　　责任校对 杨凤玲　　责任印制 高 峰

出版发行	高等教育出版社	网　　址	http://www.hep.edu.cn
社　　址	北京市西城区德外大街 4 号		http://www.hep.com.cn
邮政编码	100120	网上订购	http://www.hepmall.com.cn
印　　刷	北京市艺辉印刷有限公司		http://www.hepmall.com
开　　本	787×960 1/16		http://www.hepmall.cn
印　　张	10.25	版　　次	2005 年 9 月第 1 版
字　　数	180 千字		2010 年 1 月第 2 版
购书热线	010-58581118	印　　次	2024 年12月第20 次印刷
咨询电话	400-810-0598	定　　价	22.50 元

本书如有缺页、倒页、脱页等质量问题，请到所购图书销售部门联系调换

物 料 号 28370-00

编审委员会

主　　审： 林志超

审　　委： 王志苏　任景岩　齐荣尊　吴子樱
郑厚成　武孝贤　邹继豪　李重申

总 主 编： 张瑞林

主　　编： 王　波　何秋华　谢　飞

副 主 编： 李红军　尚宁宁

编写人员：（按姓氏笔画排序）：

王　波（长安大学）
王永生（西华大学）
王　峰（山东大学）
李红军（山东大学）
何秋华（广东工业大学）
张瑞林（山东大学）
陈　恳（西华大学）
杨　坤（山东大学）
尚宁宁（河北科技师范学院）
谢　飞（山东大学）

前言

近些年的体质健康监测表明，我国青少年学生的耐力、力量、速度等体能指标持续下降，视力不良率居高不下，城市超重和肥胖青少年的比例明显增加。青少年的体质健康问题引起了全社会的广泛关注，也引起了党和政府的高度重视。为此，2006 年 12 月 23 日，教育部、国家体育总局和共青团中央联合召开了新中国成立以来的第一次“全国学校体育工作会议”；2007 年 4 月 29 日，教育部、国家体育总局、共青团中央正式启动了“全国亿万青少年学生阳光体育运动”；2007 年 5 月 7 日，中共中央国务院颁发了《关于加强青少年体育 增强青少年体质的意见》（下称《意见》）。《意见》中明确指出：“广大青少年身心健康、体魄强健、意志坚强、充满活力，是一个民族旺盛生命力的体现，是社会文明进步的标志，是国家综合实力的重要方面……要认真落实健康第一的指导思想，把增强学生体质作为学校教育的基本目标之一……全面实施《国家学生体质健康标准》，把健康素质作为评价学生全面健康发展的重要指标。广泛开展‘全国亿万学生阳光体育运动’，鼓励学生走向操场、走进大自然、走到阳光下，形成青少年体育锻炼的热潮。确保学生每天锻炼一小时……”

为了适应新时期国家提出的一系列学校体育改革发展要求，以促进学生体质健康发展为根本目的，在遵循学生生长发育规律和认知规律的基础上，我们对 2005 年版系列教材进行了全面的修订。

本次修订是在遵循第一版“指导思想明确、突出教育功能、围绕健康促进、强调个性发展、彰显文化特色”的编写基础上，进一步强调了系列教材的实用性、针对性等特点。具体体现在：①以“健康第一”思想为指导，统领整个教材编写工作；②以突出学校体育的教育功能为根本，使教材内容呈现鲜明的知识性、系统性、先进性特色；③以促进学生体质健康发展为宗旨，突出教材内容的方法性、实用性，并对增强学生体质内在规律性的认识进行了系统的诠释；④以满足学生的个性需求为原则，使系列教材内容呈现丰富多彩；⑤以适应“阳光体育运动”开展为基本要求，使教材内容能够充分反映课内外有机衔接；⑥以先进的体育文化为引领，使教材内容集知识性、教育性、娱乐性于一体。

在上述思想的指导下，我们具体做了如下修改：

1. 将原第一章内容进行了调整，删除了与学生课内外体育锻炼联系不够紧密的“学校体育与竞技运动”、“营养与健康”、“奥林匹克运动”等内容，并对“健康概述”、“体育锻炼与健康”、“普通高等学校体育教育要求”和“校园体育文化”等部分的内容进行了较大幅度的改动，如增加了高校体育课程、《国家学生体质健康标准》、“阳光体育运动”等内容，使本章内容与高等学校体育课程改革更加贴近，更贴近大学生的生活，更便于学生阅读和掌握。并把本章内容作为本系列教材的通用部分，体现在每部教材中。

2. 将原教材第二章、第三章和第四章内容整合为一章，使该部分内容更简练、直观，便于学生理解具体项目对健康的影响和作用。

3. 在技术部分也进行了一定的调整，如调整了部分技术出现的先后顺序，使得技术部分内容更加符合教学实践活动的规律；增加了大量的练习方法，使学生可以根据自身的情况进行选择，为熟悉、熟知和掌握该运动项目提供了有效的途径。

本套教材是普通高等教育“十一五”国家级规划教材，包括《足球》、《篮球》、《排球》、《乒乓球》、《羽毛球》、《网球》、《健美操》、《体育舞蹈》、《健身健美》、《游泳》、《武术》、《散打与女子防身术》、《跆拳道》、《户外运动》、《体育保健与康复》等分册。

在本系列教材的编写过程中，吸收、借鉴了国内外许多专家学者的最新研究成果和出版文献，在出版过程中得到了高等教育出版社体育分社的大力支持和帮助，在此一并表示诚挚的感谢！

由于编写人员水平所限，不妥之处在所难免，敬请读者批评指正！

张瑞林

2009 年 11 月

目录

第一章　体育与健康概述

章前导言

“以人为本、健康第一”是《全国普通高等学校体育课程教学指导纲要》的核心理念，是体育课程改革的行动指南。然而，如何理解新时期普通高等学校体育教育的目标和功能？如何理解健康的含义？体育与健康有何关系？国家对普通高校体育教育的要求是什么？如何深刻认识学校体育的文化含义？本章将围绕上述问题进行系统、全面的阐述。

学习目标

1. 理解健康和亚健康的含义。
2. 体育锻炼对健康的促进作用。
3. 国家对普通高等学校体育教育的要求。
4. 探究校园体育文化的精髓。

关键词

健康　阳光体育运动　校园体育文化

第一节 健康概述

随着社会的发展、生产力水平的提高和物质生活的日益丰富，人们的生活方式发生了很大变化，而人类正在被激烈的社会竞争和巨大的社会压力所困扰，以致引发诸多精神紧张和心灵扭曲的病症。由此，也使得人类对健康的追求比以往任何一个时期更加迫切和强烈!

一、健康的概念

人是一种既具有生物属性，又具有社会属性的高级动物。人们能够意识到何谓“生”、何谓“死”，懂得健康的重要性。健康可以说是人类最基本的要求，也是人类永恒的主题。何谓健康？从古至今，人们对它的解释各不相同。1948 年，世界卫生组织（WHO）在其宪章中给健康的定义是：“健康不仅仅是没有疾病和衰弱的状态，而是一种在身体上、精神上和社会上的完好状态”。而后，世界卫生组织又在 1978 年国际保健大会上通过的《阿拉木图宣言》中重申了健康的含义，指出“健康不仅仅是没有疾病和痛苦，而且包括在身体、心理和社会各方面的完好状态”。由此可见，一个人只有在身体和心理上都保持健康的状态，并且有良好的社会适应能力，才称得上真正的健康。

从世界卫生组织对健康概念的表述不难看出，人的健康具有身体、心理和社会三维立体的结构含义，并且三者同时具备的程度决定着人的健康状况。因此，美国学者奥林斯提出了一种三维健康模型，强调从生物、心理和社会三个方面来评价人的生命状态（表 1–1）。

表 1–1　八种三维健康模型

种类	标志	身体方面	心理方面	社会方面
1	正常健康	健康	健康	健康
2	悲观	健康	不健康	健康
3	社会方面不健康	健康	健康	不健康
4	患疑难病症	健康	不健康	不健康
5	身体不健康	不健康	健康	健康
6	长期受疾病折磨	不健康	不健康	健康
7	乐观	健康	健康	健康
8	严重疾病	不健康	不健康	健康

资料来源：F. D. 奥林斯. 健康社会学［M］. 北京：社会科学文献出版社，1992

鉴于世界各国对健康问题的研究，世界卫生组织在其世界保健大宪章中对“健康”提出了10条准则，进一步丰富了传统意义上的健康内涵。健康的十条准则是：

（1）精力充沛，能从容不迫地应付日常生活和工作而不感到过分紧张和疲劳；

（2）处事乐观，态度积极，乐于承担责任，事无大小，不挑剔；

（3）善于休息，睡眠良好；

（4）应变能力强，能适应外界环境中的各种变化；

（5）能够抵抗一般性感冒和传染病；

（6）体重适当，身体匀称，站立时头、肩、臀位置协调；

（7）眼睛明亮，反应敏捷，眼睑不发炎；

（8）牙齿清洁，无龋齿，不疼痛，牙龈颜色正常，无出血现象；

（9）头发有光泽，无头屑；

（10）肌肉丰满，皮肤有弹性，走路轻松。

二、亚健康

20世纪80年代，有研究者发现，在人的一生中，身体除健康状态和疾病状态外，还存在一种介于两者之间的非健康非疾病的状态，人们将其称为“亚健康”状态（图1-1），也称为灰色状态、病前状态、亚临床期或潜病期等。亚健康状态是指虽然机体尚无临床症状或器质性病变，但机体的生理功能已经开始下降，如自感体力下降、反应能力降低、精神状态欠佳、免疫能力低下，并对程度不同的不舒服症状有各种自我感觉，此时其有发生各类疾病的危险。

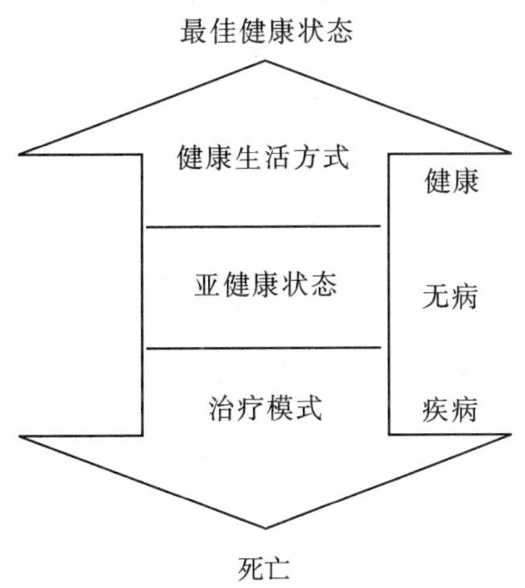

图1-1 健康、死亡连续统一体

亚健康状态既可以向健康状态转化，也可以向疾病状态转化。亚健康状态向健康状态转化，取决于自我保健的措施和自身的免疫能力，而向疾病状态转化是亚健康状态的自发过程。因此，通过体育锻炼，提高自身的免疫力水平和身体的各项机能，是摆脱亚健康状态最有效的方法。

知识链接 1–1

三种健康状态

• 健康状态：经临床检查无疾病，主观又无虚弱和不适的感觉；精力充沛，工作、学习、处事及社交均处于自我感觉较为满意的状态。

• 亚健康状态：虽然没有疾病，但主观感觉虚弱和诸多不适；日常精神欠佳，机体活力降低；反应能力减退，工作效率降低；为人处世较差，适应能力降低；同时又无疾病的客观依据。

• 疾病状态：按国际疾病分类标准确定疾病，并根据病情和病程确定疾病状态。

知识链接 1–2

亚健康状态的成因与消除

• 成因：亚健康状态与遗传基因、严重的环境污染、紧张的生活节奏、过重的心理压力、不良的生活习惯、超负荷工作带来的疲劳、长期患病或经历过手术治疗等因素有关。

• 消除措施：改正不良生活习惯、调整个人心理状态、提高应变能力、消除疲劳、加强体育锻炼、适当服用保健品等。

三、大学生的健康状况

（一）大学生身体健康

1. 大学生身体健康现状

2005 年第五次全国学生体质健康调研结果显示：我国学生的肺活量水平、体能素质持续下降，其中体能素质中的耐力素质持续 20 年下降，速度素质和力量素质连续 10 年下降。超重学生和肥胖学生的比例迅速增加，其中城市男生已达 24%。视力不良率仍居高不下，其中小学生为 31%、初中生为 58%、高中生为 65%、大学生为 82%。

造成上述情况的原因有很多，但是大致可以归结为以下几个主要方面：

（1）学校体育的本质功能没有被充分认识；

（2）混淆了学校体育与竞技体育的本质区别；

（3）体育课程改革有待进一步深化；

（4）学校全民健身服务体系尚未形成；

（5）学生课业负担重、锻炼时间少，且未养成良好的锻炼习惯；

（6）学校体育场地、器材、设施欠缺，体育活动的内容与形式都不够丰富。

如何提高大学生身体素质的问题，引起了国家领导和全社会的极大关注。要想提高大学生的身体健康水平，学校体育教育应从以下几个方面落实好各项工作：

① 高校体育教育要树立“健康第一”的指导思想；

② 构建科学的体育课程体系；

③ 推动学生课外体育锻炼的开展；

④ 提高体育师资队伍的素质和水平；

⑤ 完善学校运动训练和竞赛体系。

2. 大学生体质健康测试

教育部、国家体育总局根据《学生体质健康标准》试行五年来的实际情况和调研中所发现的问题，对《学生体质健康标准》进行了修订和完善，并定名为《国家学生体质健康标准》（以下简称《标准》），于2007年正式颁布实施。《国家学生体质健康标准》的颁布实施，对于加强素质教育，提高我国青少年体质健康水平起着十分重要的作用。

《标准》从身体形态、身体机能、身体素质和运动能力等方面综合评定学生的体质健康水平，并把学生分为6个组别，其中大学生单独列为一组。《标准》还对测试项目、评价标准等做了明确的规定（附录一）。本章第三节将对体质测试作详细介绍。

知识链接 1-3

运 动 处 方

运动处方是康复医师、教练员或体育教师及社会体育健身指导员等，针对从事体育锻炼者或病人，根据医学检查资料，按其健康、体力以及心血管功能状况，结合生活环境和运动爱好等个体特点，用处方的形式规定适当的运动种类、强度、时间及频率，并指出运动中的注意事项，以指导其有计划地、科学地经常性锻炼，达到健身、消除疲劳或治病的目的。

制订运动处方应遵循个体化原则、安全有效原则、可行性原则、循序渐进原则和全面性原则。

一个完整的运动处方一般包括以下内容：运动目的、运动种类、运动强度、运动时间、运动的时间带、运动频率及注意事项等。

1. 运动目的

由于处方对象的性别、年龄、身体状况的不同，其运动目的也不同。比如：强身健体、疾病防治、减肥健美、娱乐休闲及提高专门运动成绩等。

2. 运动种类

根据体育运动参加者的目的不同，可选择有针对性的运动项目。为了健身、保持体重及改善心脏功能和代谢，或者为了预防疾病，宜选择以有氧代谢为主的步行、慢跑、游泳、自行车、划船等耐力性运动项目；为了增强肌肉力量和肢体活动能力，宜选择力量性运动项目；为了松弛精神、消除疲劳、预防高血压和神经衰弱，可选择太极拳、五禽戏、散步和放松体操等伸展运动项目。

3. 运动强度

适宜运动强度的范围可以用靶心率来控制，也可以计算出最适宜运动的心率，其计算方法如下：

靶心率=(220-年龄)×(70%～85%)

最大心率=220-年龄

心率储备=最大心率-安静心率

最适宜运动心率=心率储备×75%+安静心率

或者是通过简易的计算方法为靶心率=180（或170）-年龄

4. 运动时间

运动时间是每次运动所持续的时间，即达到运动处方所要求运动负荷的时间。

5. 运动的时间带

运动的时间带是指一天中应在什么时候运动。应根据人的生物节律周期及日节律来合理安排运动的时间带。

6. 运动频率

运动频率是指每周运动的次数。运动间隔时间过长或过短，都会影响运动处方的效果。一般采用隔日锻炼一次，可以给机体充分的休息和调整时间，使其做到“超量恢复”，从而使处方效果更加明显。

7. 注意事项

为了保证安全，要根据处方实施者的具体情况，提出锻炼时的注意事项。

大学生运动处方示例：减肥的运动处方

姓名：A　性别：女　年龄：20岁　职业：学生　体育爱好：羽毛球

健康检查：良好，身高1.55米，体重60千克，体脂中度超重，病

史：无

运动负荷测定：台阶实验，安静脉搏 79 次/分钟，血压 75/115 毫米汞柱，肺活量 2 800 毫升

体能测定：力量——仰卧起坐 25 个/分钟，耐力——800 米跑 4 分 5 秒

体质评定：健康状况，体重过重，心肺功能稍差

运动目的：减肥和健身

运动项目：羽毛球、健身跑、健美操、篮球等

运动强度：由小逐渐加大，心率在靶心率范围，即 140 ~ 170 次/分钟

运动时间：12 周（减少体重 3 ~ 5 千克），每次 30 ~ 60 分钟

运动频度：4 ~ 5 次/周

注意事项：适当控制饮食，减少糖类、油脂的摄入，可多吃一些蔬菜、水果，有病如发热停止运动

自我监督：心率

处方者：　　年　月　日

（二）大学生心理健康

1. 大学生心理健康的现状

近年来，大学生作为一个特殊的群体，其心理健康问题日益受到人们的重视。当前，我国正处于向社会主义市场经济过渡的关键时期，社会经济体制的变革必然对原有的社会文化及道德体系造成一定的冲击。大学生一方面要面对大学学习、生活的压力，另一方面又要面对社会上各种多变的思潮和价值观念。理想与现实的反差，期望与能力的冲突，使他们感到困惑和无所适从。有研究表明，在具有心理疾病的大学生中，男生多表现为偏执、精神病性和敌对；女生多表现为恐惧、忧郁、焦虑和人际关系敏感。

影响大学生心理健康的原因是多方面的，包括社会、家庭、学校等各个方面。对大学生个人而言，以下 4 个方面是影响大学生心理健康的主要原因：

① 适应环境问题；

② 爱情、婚姻、择业问题；

③ 网络沉迷问题；

④ 观念面临挑战问题。

现阶段，针对大学生心理健康问题，有关专家、学者进行了大量的研究，给出了比较系统的解决方案，认为高校要提高大学生的心理健康水平应从以下几个方面着手：

（1）加强心理健康教育的师资队伍建设；

（2）开设心理健康教育课；

（3）开展心理咨询与心理辅导；

（4）构建大学生心理健康教育课程体系；

（5）加强校园科技文化建设；

（6）培养学生自我心理调节能力。

2. 大学生的心理测试

大学生良好心理素质的培养与心理健康教育不仅关系到社会主义高等教育能否培养出身心健康、人格健全、全面发展、适应社会主义市场经济要求、适应新世纪挑战的新型人才，而且关系到全民族素质的提高。目前，许多高校正致力于大学生心理健康的辅导，许多高校针对大学生的心理健康状况采取了问卷调查和开设心理学讲座的形式，学生在入学时要填写调查问卷，学校为学生建立心理健康档案，并在学业期间针对学生出现的，较为普遍的心理问题开设专门的心理健康讲座，现在，几乎所有高校都设有心理咨询室，学生可以针对遇到的心理困惑进行免费咨询。

虽然国内外关于心理健康的调查问卷形式多样，但对大学生而言，确有着不同的优点和弊端。由于思维方式、成长环境以及传统文化的不同，在引入国外量表时就存在是否“适用”的问题，而我国专门针对大学生设计的心理量表尚需要经过长期实践的检验，在确立其信度和效度达到要求的情况下，方可公开使用。针对这样的现状，本书引入了世界上最著名的心理健康测试量表——《症状自评量表（SCL—90）》（附录二），以方便大学生在使用时有选择地参照测量结果。

（三）大学生社会适应能力

1. 大学生社会适应能力的现状

社会适应能力反映在与周围环境具有积极、稳定的双向作用，既包括个体的主动适应，又要求与周围环境相协调适应，前者即个体体现在执行社会角色的能力方面，后者体现在和谐的人际关系和充分的社会支持方面。

到目前为止，关于大学生社会适应能力的研究并不是很多。虽然国际上早就提出了三维健康的概念，但是由于社会适应能力与心理健康中的诸多指标存在界限不清、甚至有重复的现象，很多人便错以为社会适应能力是心理健康的一个组成部分，其实这样的理解是非常片面的。随着社会的飞速发展，是否具有良好的社会适应能力对人的一生有着深远的影响。越来越多的专家学者开始关注这个问题，并对社会适应能力的评价提出了自己的见解。而许多高校目前也正在转变观念，开始对学生社会适应能力的培养投以特别的关注。

2. 大学生社会适应能力测试

虽然近年来社会适应能力的强弱逐渐成为人们关注的焦点，但是专门针对大学生社会适应能力测试的量表却并不多见，这与长期以来社会适应能力没有很好地从心理健康问题中分离出来是有很大关系的。在很多心理量表中，都包含着社会适应能力的测试因子。加强大学生社会适应能力的评价工作，需要当今的社会学专家、心理学专家以及全社会的共同努力。本书编者在此引入了郑日昌先生的《大学生社会适应能力诊断量表》（附录三），以方便大学生进行自我诊断。

知识链接 1-4

由于心理测试和社会适应能力测试是通过一些间接指标来反映实际的心理状况和社会适应能力状况的，受测试者当时身体健康状态、情绪等多方面的影响，所以测试结果是需要客观对待的。尤其是当测试结果不理想时，一方面要积极对待测试的结果，因为未必测试结果就是准确的；另一方面要积极地与相关心理学专业人员沟通，在专业人员的帮助下，积极地调整状态。一个心理问题或社会适应问题的解决就如经历了一场感冒一样，问题解决后，会发现：健康原来如此重要！

第二节　体育锻炼与健康

根据世界卫生组织对健康的定义，一个人的健康与否需要从身体、心理和社会适应能力三个方面予以综合评价。人类健康受多种因素的影响，主要包括遗传、营养、体育锻炼、生活环境、教育状况、卫生条件等几个方面。体育虽然不是达到健康目的的唯一途径，但却对健康有着极为重要的促进作用。

一、体育锻炼对身体健康的促进作用

体育锻炼对身体健康的促进作用表现在对人体形态和机能的影响上。一定时间和量的体育锻炼可以在一定程度上提高神经系统的调节作用，使机体各器官、系统之间的配合更加协调，工作效率更高，抵御外界侵扰的能力增强等。这些内在机能的改变将直接导致人体骨骼、肌肉、皮肤等的改变。通过体育锻炼可以使肌肉体积增大、骨骼更加粗壮、皮肤更加红润，使人体格健壮、精力充沛，能够从容不迫地应对生活、学习和工作中的各项身体活动和压力。

二、体育锻炼对心理健康的促进作用

体育锻炼对身体健康的促进作用已成为不争的事实。人作为一个身心统一的个体，身体健康与心理健康是相互促进、相互影响的，体育锻炼作为一种有效增进身体健康的手段，在增进身体健康的同时，也对心理健康起着良好的调节与促进作用。体育锻炼对心理健康的促进作用主要表现在发展智力、改善情绪、缓解心理压力、促进良好自我概念的确立、培养坚强的意志品质等方面。另外，随着人们对运动处方的研究，体育锻炼在作为心理疾病的医疗辅助手段上，正发挥着积极的保健康复作用。

知识链接 1–5

如何科学地选择适合调节心理问题的运动项目

对于存在不同程度心理问题的个别学生而言，需要有针对性地选择锻炼的项目，有些项目的对抗比较激烈，如果个体焦虑水平比较高，情绪容易烦躁，这时应选择比较舒缓的运动项目进行锻炼，从而达到降低焦虑水平、提高心理调适能力的目的，如太极拳、慢跑等，有的人则有抑郁的倾向，在选择运动项目时，可选择单位时间内强度较大的项目，以达到提高神经系统的兴奋性，调动身体的活力，进而调解积极情绪的目的，如健美操、篮球、排球、羽毛球等。

知识链接 1–6

促进心理健康的途径

- 选择有利于克服心理障碍的健身形式。
- 提高自己人际交往的能力，增强自己的社会适应性。
- 建立知足常乐的人生观。
- 培养多方面的兴趣和情操。
- 激发自己的非智力因素，尝试创造性的学习和工作。

三、体育锻炼对社会适应能力的促进作用

社会适应能力与身体健康和心理健康密切相关，尤其与后者关联度更高。体育锻炼对社会适应能力的影响主要表现在促进人的竞争与协作意识的发展、培养公平公正的价值观和个体适应社会角色的能力、培养建立良好人际关系的能力、提高人们对现代快节奏生活的适应能力等方面。

知识链接 1-7

如何在体育运动中提高大学生的社会适应能力

- 养成尊重生命的观念，丰富体育生活。
- 提高健康意识，形成健康理念。
- 练就良好的体能，发展运动技能。
- 培养增进人际关系与互动的能力。
- 培养社会责任感。
- 培养积极向上的意识，建立公平竞争的环境。
- 培养合作精神，提高团队凝聚力。

资料来源：蔡丽萍，杜欣．体育运动对提高大学生社会适应能力的作用［J］．中国环境管理干部学院学报，2006，16（2）：121-122.

第三节　普通高校体育教育要求

一、高校体育课程

中共中央国务院于 1999 年 6 月发出的《中共中央国务院关于深化教育改革　全面推进素质教育的决定》，明确指出："健康体魄是青少年为祖国和人民服务的基本前提，是中华民族旺盛生命力的体现。学校教育要树立'健康第一'的指导思想，切实加强学校体育工作。"在这一思想的指导下，教育部 2002 年制定颁发了《全国普通高等学校体育课程教学指导纲要》（以下简称《纲要》），并制定了普通高等学校体育课程目标，要求学生通过体育课程的学习，在以下几方面得到发展：

第一，增强体能，掌握并运用基本的体育与健康知识和运动技能；

第二，培养运动的兴趣和爱好，形成坚持锻炼的习惯；

第三，具有良好的心理品质，表现出人际交往的能力与吃苦精神；

第四，提高对个人健康和群体健康的责任感，养成健康的生活方式；

第五，发扬体育精神，形成积极进取、乐观开朗的生活态度。

《纲要》要求学生通过体育课程的学习，不但要在体能、体育与健康知识和运动技能等方面有所收获，而且要使学生形成坚持体育锻炼的习惯和健康的生活方式，并保持积极进取、乐观开朗的生活态度。

知识链接 1-8 

国外体育课程的目标

新西兰：①形成维持和提高个人健康和发展身体的知识、技能和态度；②通过发展运动技能，获得有关的知识和理解，形成对身体活动的积极态度；③改善人际关系、提高技术、技能和态度；④采取积极、负责的行动，参与健康的社区和环境的创新。

美国加州：①发展学生的各种动作技能以及与闲暇活动技能有关的能力；②逐步理解健康生活习惯的重要性；③逐步获取有关游戏和运动的规则和策略；④通过体育和娱乐计划，提高学生的自信和自我价值感。

英国：①获得和发展技能；②评价和改进活动；③获得对体能、健康知识的理解。

《纲要》又具体地提出了学生通过体育课程学习在运动参与范围内、运动技能范围内、身体健康范围内、心理健康范围内、社会适应范围内应达到的要求：

第一，在参与运动范围内应达到：具有积极参与体育活动的态度和行为，用科学的方法参与体育活动。

第二，在运动技能范围内应达到：获得运动基础知识，学习和应用运动技能，安全地进行体育活动，获得野外活动的基本技能。

第三，在身体健康范围内应达到：形成正确的身体姿势，发展体能，具有关注身体和健康的意识，懂得营养、环境和不良行为对身体健康的影响。

第四，在心理健康范围内应达到：了解体育活动对心理健康的作用，认识体育活动与身心发展的关系，正确了解体育活动与自尊、自信的关系，学会通过体育活动等方法调控情绪，形成克服困难的坚强意志品质。

第五，在社会适应范围内应达到：建立和谐的人际关系，具备良好的合作精神和体育道德，学会在现代社会中获取体育知识与健康知识的方法。

二、体质测试

为贯彻落实“健康第一”的指导思想，切实加强学校体育工作，促进学生积极参加体育锻炼，养成良好的锻炼习惯，提高体质健康水平，并结合新时代的实际情况和要求，教育部于2007年对2002年颁布的《学生体质健康标准（试行方案）》作了进一步改革，颁布了《标准》。

（一）体质测试的项目

《标准》从身体形态、身体机能、身体素质和运动能力4个方面综合评定学生的体质健康状况。该标准大学为一组，测试项目为5类，身高、体重、肺活量为必测项目，其他三类测试项目各选测一项，大学生评价指标与分值见表1-2。

表1-2　《国家学生体质健康标准》大学生测试项目与分值

指标	测试项目	分值	备注
身体形态	身高、标准体重	10	必测
身体机能	肺活量体重指数	20	必测
	1 000米跑（男）/800米跑（女）、台阶试验	30	选测一项
身体素质	坐位体前屈、仰卧起坐（女）/引体向上（男）、掷实心球、握力体重指数	20	选测一项
运动能力	50米跑、立定跳远、跳绳、篮球运球、足球运球、排球垫球	20	选测一项

（二）评分标准

各评价指标的得分之和为大学生体质健康标准的最后得分，满分为100分。根据最后得分评定等级：90分及以上为优秀，75～89分为良好，60～74分为及格，59分及以下为不及格。学生体质健康标准成绩每学年评定一次，按评定等级计入《国家学生体质健康标准登记卡》。具体评分标准见附录3表1-4。

三、阳光体育运动

大学生是21世纪我国社会主义现代化建设事业的主要力量，他们的身体健康状况如何，关系到我国社会主义现代化战略目标能否实现，关系到中华民族的生命力。提高大学生的健康水平，培养他们的健康体格，是一项基础性工程，是普通高校推进素质教育义不容辞的责任。大学生身体健康状况关系其今后发展，决定着个体的顺利成长和成才，也关系着民族的未来与希望。

1985—2005年先后五次全国学生体质健康调研结果引起了国家领导和全社会的极大关注。2006年12月23日，在国务委员陈至立同志的亲自安排和领导下，教育部、国家体育总局和共青团中央在北京联合召开了新中国成立以来的第一次“全国学校体育工作会议”，会议的主题是“关注亿万青少年学生身体健康”。教育部、国家体育总局、共青团中央于当日联合发出了《关于开展全国亿万学生阳光体育运动的通知》（以下简称《通知》）。《通知》指出：要进一步提高对体育的认识。在各级各类学校中形成全员参与的群众性体育锻炼的良好风气；要以“达标争优、强健体魄”为目标，用三年时间，使85%

以上的学校能全面实施《标准》，使85%以上的学生能做到每天锻炼一小时，达到《标准》及格等级以上，掌握至少两项日常锻炼的体育技能，形成良好的体育锻炼习惯，切实提高体质健康水平；要以全面实施《标准》为基础，建立和完善标准的测试结果记录体系，并作为毕业升学的重要依据；要与体育课教学相结合，确保开足、上好体育课，保证学生每天一小时的锻炼时间；要与课外体育活动相结合，大力推行大课间体育活动，不断丰富学生课外体育活动的形式和内容；要营造良好的舆论氛围。通过宣传，使“健康第一”、“达标争优、强健体魄”、“每天锻炼一小时，健康工作五十年，幸福生活一辈子”的口号家喻户晓，深入人心。

开展阳光体育运动，要加强组织领导。①

2007年1月7日，胡锦涛总书记针对现在我国青少年学生的身体健康问题做了重要批示。希望教育部、国家体育总局拿出具体可行的对策和方案。全国各省、自治区、直辖市围绕落实胡总书记批示和学校体育工作会议的精神，积极研究制订适合本地区的有关方案。2007年4月29日，教育部、国家体育总局、共青团中央、北京市政府在北京朝阳公园举办“全国亿万青少年学生阳光体育运动”现场启动仪式，随着中共中央政治局常委李长春同志宣布“全国亿万学生阳光体育运动正式启动”，面向全国各级各类学校全体学生的一项大型群众性体育活动拉开了序幕。

2007年5月7日《中共中央国务院关于加强青少年体育增强青少年体质的意见》（以下简称《意见》）（中发［2007］7号）颁布与实施，标志着国家将关注广大青少年身体健康的重大战略性举措纳入了人才强国战略的具体操作内容之中。《意见》不仅规定了新时期学校体育工作落实科学发展观的原则和方向，而且也为促进青少年学生体质健康发展提供了政策保障。《意见》的发布是在和谐社会建设过程中，学校体育教育落实以人为本、促进人的全面发展的重要体现，是指导学校体育改革的纲领性文件。

2007年6月14日至15日，教育部在山东大学召开了教育部直属高校体育工作会议。会议围绕学习、贯彻《意见》和全国学校体育工作会议精神，研究落实全国亿万学生阳光体育运动和《标准》的实施工作，动员教育部直属高等学校加强学生体育工作，促进学生健康成长。

2008年，教育部、国家体育总局、共青团中央在2007年成功举办“阳光体育与奥运同行冬季长跑活动”的基础上，共同下发了《全国亿万学生阳光体育冬季长跑活动的通知》（以下简称《通知》），要求各级教育行政部门要将

---

① 教育部，国家体育总局，共青团中央．关于开展全国亿万学生阳光体育运动的通知（教体艺［2006］6号）．

冬季长跑活动纳入工作计划，广泛发动、认真组织、具体指导，尽最大可能提高冬季长跑活动在本地区学校开展的普及率，并要求各级各类学校把冬季长跑活动纳入日常教育教学计划之中，将冬季长跑活动与体育课、早操、大课间体育活动和课外体育活动有机结合，制订操作性强的实施方案，组织、指导并带动广大学生积极参加冬季长跑活动。

《通知》规定：从2008年10月26日开始，学生们要在学校里参加为期半年的冬季长跑活动。按要求，每个学生每天长跑距离基数大致为：小学生1 000米，中学生1 500米，高中生及大学生2 000米。全国各高校响应教育部的号召，积极做好宣传、报道工作，营造良好的活动氛围，并认真组织本校冬季长跑活动起跑仪式，促进全社会关注和支持冬季长跑活动。

知识链接1-9

冬季长跑对大学生的裨益

冬季长跑不仅能增强学生体质和耐寒能力，促进肌肉、骨骼、神经系统和器官的健康发育，而且还能磨炼学生的意志力、坚持力、自制力、进取心以及自觉性等。大学生也可以很好地利用冬季长跑的方式，调适不良的情绪状态、缓解心理压力。从这一层面来说，冬季长跑对于维护大学生身心健康是大有裨益的，能使大学生活更富阳光、更为精彩。

2009年5月14日，教育部部长周济在全国亿万学生阳光体育运动推进会上提出，要大力推动国家学生体质健康标准，大力开展群众性校园体育活动，以新的高度、新的思路和新的举措抓好学校体育工作，要以爱与责任为出发点，扎扎实实地推进阳光体育运动，并再次强调在每所校园喊响“每天锻炼一小时，健康工作五十年，幸福生活一辈子”的口号。

第四节 校园体育文化

校园文化对生活、工作、学习在校园的全体师生而言是一个古老而又新鲜的话题。它作为一种客观存在，与校园相伴而生，如影随形，呈现方式千姿百态。校园文化包括学校在长期的办学实践中形成的培养目标、办学传统、校风、学风，校园的活动风格，师生的行为方式及其背后的价值观念等，它是校园内的微观文化，也是整个社会文化系统中的亚文化形态。校园文化是一个内容丰富、层次清晰、立体化的有机整体。作为这个整体重要组成部分的校园体育文化是促进校园文化发展的重要方面，同时，它又是内涵深刻和外延丰富的一种独特的文化现象，对于加强学校精神文明建设、提高校园文化质量、全面推进素质教育和全民健身计划的落实，以及培养师生的终身体育意识都具有十分重要的意义。

一、校园体育文化的含义

校园体育文化是学校全体师生员工在长期的办学活动和体育活动中所形成的体育活动方式以及所创造的体育精神财富和物质财富，它是身体教育智慧和身体练习实践能力的总和。校园体育文化是一种管理文化、教育文化和组织文化。

（一）校园体育文化是一种管理文化

学校体育工作的目标是为学校的总体发展目标服务的。要实现学校体育的工作目标，必然要充分调动学校领导、教师和学生的积极性，充分依靠管理的计划、组织、领导、控制等职能，充分利用学校现有的体育人力、物力、财力等资源。

（二）校园体育文化是一种教育文化

高等学校是培养高素质创新型专业人才的基地，学校体育是学校教育的重要组成部分。所以，校园体育文化活动必须反映出学校的价值观、道德规范和行为规范。在实施过程中，必须科学设计学校体育教学活动和群体活动，否则，就不能生成具有学校特征的体育文化。

（三）校园体育文化是一种组织文化

为了实现校园的体育工作目标，学校必须建立分工明确、制度到位的体育工作组织。这一组织除了有组织原则、组织结构、组织过程及必要的规章制度之外，更重要的是要有校园体育文化，使学校体育组织有一个共同的群体意识及行为准则，以营造和谐的人际关系，形成团结、互助、融洽的组织气氛。

二、校园体育文化的要素和结构

（一）校园体育文化的要素

从一般文化要素来讲，包括心理、行为、物质三个不同的层面。校园体育文化也不例外，校园体育文化的心理要素，也就是校园体育文化的精神、观念层面，也称为精神文化；校园体育文化的行为要素，也就是校园体育文化的行为方式、制度规范层面，也称为行为制度文化；校园体育文化的物质要素，也就是校园体育文化的物质层面，也称为物质文化，包括凝结校园体育文化物质的各种物质财富。对校园体育文化而言，物质文化是其最外表的层面，行为制度文化次之，精神文化是内核。

（二）校园体育文化的结构

1. 精神层面

精神层面主要指学校师生共同形成的体育信念、价值标准、道德风尚和精神风貌，这是校园体育文化的核心和灵魂，是形成校园体育文化的制度层面和物质层面的前提和根源。校园体育文化中有无精神层面或精神层面的优劣，是衡量一所学校能否坚持社会主义的办学方向，能否培养德、智、体、美全面发展的高素质创新人才的标志和标准。

2. 制度层面

制度层面主要指对学校师生和学校体育组织产生规范性、约束性影响的部分。它集中体现了校园体育文化的精神层面和物质层面对个体行为和群体行为的要求。制度层面主要是规定了学校成员在体育教学及其他群体活动中所应遵循的行为准则。例如，《国家学生体质健康标准》实施制度、体育课程教学计划设置制度和考评制度、“三好学生”和“奖学金”评定制度中对体育的要求、规定等。

3. 物质层面

物质层面是校园体育文化的表层部分，是形成精神层面和制度层面的条件，从物质层面中往往可以折射出学校体育的价值观念、德智体美全面发展的高素质创新人才培养的人才培养观念等，它是校园体育文化的物质载体和凝聚体。例如，学校体育场馆设施的建设状况、学校体育经费的投入情况、学校体育活动的档次和规模等。

三、校园体育文化的特点

校园体育文化作为校园文化的重要组成部分，在促进学生素质教育和精神文明建设等方面具有特殊的地位和作用，具有深刻内涵、丰富外延和时代性、开放性、竞争性、方向性等特点。

（一）时代性

任何文化都是时代的产物，都在一定程度上反映时代本质特征，同时又随着时代的发展、前进而不断地演化自己的形态。在校园体育文化的形成和发展过程中，内容与形式都受到一定时代的政治体制、经济体制、教育体制以及社会结构、文化风尚等制约，校园体育文化作为校园文化的一部分，其内容与形式也受到一定的政治体制、经济体制、教育体制、社会结构和文化风尚等方面的制约，反过来它又为一定的政治、经济服务。例如，20 世纪 50 年代我国倡导全民健身、贯彻劳卫制、在校学生的体育成绩要达到等级运动员的标准；60 年代中期至 70 年代末期的“文化大革命”，体育几乎处于瘫痪状态；80 年代学习女排热；80 年代末至 90 年代初又掀起足球热；90 年代中期推行的全民健身计划活动等，都深深地影响学校，甚至成为那个特定时代校园体育文化的主旋律。总之，时代的体育精神特点感染校园体育文化，校园体育文化反映着时代的体育风貌。①

（二）开放性

校园体育文化是一个开放的体系，广大师生的积极参与决定了它具有其他社团不可替代的作用。通过学校之间、院系之间、学校与社会之间频繁而广泛的、以体育为内容的交流接触，开阔了学生的视野，加深了学生对社会的了解和认识。另外，学校的体育竞赛，通过各种形式和媒体的宣传，向社会展示了学校的综合实力、办学水准和精神文明建设的成就，不仅树立了学校良好的社会形象，而且对家庭体育、社区体育和整个社会体育的内容、形式和风气产生直接或间接的影响，对全社会的文明素质产生一定的积极意义。

（三）竞争性

竞争是体育运动的灵魂，也是校园体育文化的核心内容和精髓所在，没有竞争就不可能有发展和进步。不断创新、变革、竞争是现代体育的主要特点，校园体育作为现代体育的一部分也具有竞争的特点。

（四）方向性

高等教育的目标是培养德、智、体、美全面发展的，有理想、有道德、有文化、守纪律，适应社会发展的高层次人才，这就决定了高校校园体育文化必须服从和服务于这个目标。高校体育必须按高等教育培养合格人才的需求去建设校园体育文化，提倡科学、健康、文明的体育活动，开展高品位的校园体育文化，引导学生从自身的特点出发，大胆地开展校园体育活动，让他们有自我表现、自我教育、自我管理、自我提高的场所和体验。同时，激发大学生科学地进行体育健身，树立正确的人生观、道德观、弘扬爱国主义精神，使校园体育文化朝着健康、文明、正确的轨道发展。②

四、校园体育文化的功能

校园体育文化作为一种特殊的社会文化，是学校在长期的教学实践过程中逐步形成的，更是在广大师生直接参与和精心培养下发展起来的。它对改善学生的智能结构，加强学校与社会的交往，传承人类社会的文明，提高学生的积极性、主动性和创造性，促进教育改革的深入发展具有特殊的地位和作用。

（一）育人功能

校园体育文化担负着育人的责任。丰富多彩、健康活跃的校园体育文化有促进学生体育知识、体育技术、体育技能的学习，扩大学生的知识领域，锻炼

---

① 马万凤，徐金华，夏小平，等．试论高校校园体育文化的特征及其功能［J］．北京体育大学学报，2003，26（4）：508-510.

② 蔡云．高校校园体育文化的特点与建设初探［J］．山东体育科技，2004，26（3）：78-79.

学生身体素质、身体机能、身体能力、自我锻炼能力及独立思考能力的作用。为学生个性充分展现创造了理想的环境和条件，有利于增强学生的自信心和社会活动能力。

（二）健身功能

学校体育运动不仅能改善和提高学生中枢神经系统的工作能力，而且能保持学生清晰的思维和良好的记忆能力。大学生处在身体发育的较为关键时期，在体育锻炼的过程中，血液循环加快，心脏功能提高，可以使呼吸系统功能得到改善，促进骨骼、肌肉生长发育。

（三）娱乐功能

在校园里，繁忙的教学工作、紧张的学习，使师生感到焦虑和疲劳，而放松情绪、消除疲劳的方法莫过于校园体育运动，它可以使人们在身心上得到愉悦。丰富的校园体育文化，无论是竞技项目还是休闲项目，普遍都带有浓厚的娱乐色彩。这正迎合了师生的生理、心理特点和文化的需要。在这些活动中，可以使师生暂时忘掉工作和学习的烦恼缓解焦虑和紧张的心理，获得精神的愉悦与自由，保持乐观情绪，而且通过活动的氛围还能达到陶冶情操、净化心灵、享受生活乐趣的目的，有利于人们身心和谐、健康地发展。①

思考题

1. 健康的含义是什么？
2. 体育锻炼为何能促进大学生的健康？
3. 体育教育与健康教育的关系如何？
4. 国家对普通高校体育教育的要求有哪些？
5. 如何营造积极的校园体育文化？
6. 校园体育文化有哪些特点？
7. 校园体育文化的功能表现在哪些方面？

---

① 周野．校园体育文化探析［J］．科技信息，2007（32）：41-41．

第二章　羽毛球运动与健康

章前导言

大学生是祖国未来现代化建设的栋梁之材，他们不仅要有扎实的知识，还要有健康的身心。“健康第一”是高校体育的指导思想。体育锻炼可以提高人的健康水平，这已成为当代人的共识。羽毛球运动做为一个方兴未艾的体育项目，它同时又是一种游戏，具有浓厚的趣味性，容易成为一项终身爱好并坚持的体育运动项目。羽毛球运动在增强心肺功能，发展速度、力量、平衡能力、协调性等方面的功能都较为显著。羽毛球运动能够提高学生的自我调节和控制能力，更易与他人形成亲密的关系，培养练习者积极进取和顽强拼搏的精神，还可以发展学生自觉性、果断性、自制性等良好意志品质，对于抵御心理障碍，增强学生的心理健康水平具有促进作用。羽毛球运动有助于正确价值观念的形成，有助于竞争意识的培养，有助于沟通能力的提高，对社会角色、个性形成具有良好的作用，能够增强学生的协作意识和人际关系，从而提高学生的社会适应能力。

学习目标

1. 掌握羽毛球运动促进身体健康的理论知识。
2. 了解羽毛球运动与心理健康的关系。
3. 了解羽毛球运动如何促进社会适应能力。

关键词

羽毛球运动　身体健康　心理健康　社会适应能力

第一节　羽毛球运动与身体健康

羽毛球运动可以全面增强人的体质。前场、后场快速移动击球，中后场的大力扣杀球，被动时的扑救球，双打的换位击球等都需要练习者有较好的力量素质、速度素质、耐力素质、灵敏素质、柔韧素质以及快速的反应能力。经常从事该项体育活动可以发展人体的灵活性、协调性，可以提高人们上下肢及躯干的力量，改善呼吸系统和心血管系统的功能，提高有氧供能和无氧供能的能力，调节神经系统并提高其抗乳酸的能力，而且能起到增进健康、抗病防衰、调节精神的作用。

一、羽毛球运动对呼吸系统机能的影响

呼吸系统功能的强弱取决于人体生命活动过程中氧气和二氧化碳的交换能力。在参加羽毛球锻炼时人体对氧的需求量增加，呼吸频率加快，为了适应这一要求，呼吸系统的各个器官必须改善自身的工作能力。因此，长期参与羽毛球运动能提高人体摄氧能力，从而提高人体各呼吸器官的功能，改善呼吸系统机能。参与羽毛球运动对呼吸系统机能的改善，主要表现在以下几个方面：

（一）呼吸肌逐渐发达、有力、耐久，能承受大运动量

呼吸肌主要有膈肌、肋间肌，此外还有腹壁的肌肉。在深呼吸的时候，肩部、背部的肌肉也都起辅助的作用。羽毛球运动使呼吸肌力量增强，从而使胸围增大。

通过参与羽毛球运动可促进呼吸肌的发育，使呼吸动作的幅度加大。一般人的呼吸差（尽量吸气时与尽量呼气时的胸围差，叫呼吸差）只有 5 ~ 8 厘米，而经常锻炼的人，呼吸差可增加到 9 ~ 16 厘米。所以参加羽毛球运动对呼吸系统功能的提高是大有益处的。

（二）肺活量增大，吸进氧气和排出的二氧化碳量增多

肺活量是衡量人体生长发育和健康水平的重要指标。经常参加羽毛球运动，做许多伸展扩胸运动，可使呼吸肌力量增强，胸廓扩大，有利于肺组织的生长发育和肺的扩张，使肺活量增加。另外，进行羽毛球运动时，经常性的深呼吸运动也可促进肺活量的增长。平常人的肺活量一般只有 3 500 毫升左右，经常参加羽毛球运动的人肺脏弹性大大增加，呼吸肌力量增强，肺活量比一般人大 1 000 毫升左右。

（三）呼吸深度加深

一般人的呼吸浅而急促，安静时每分钟大约呼吸 12 ~ 18 次。而经常参加羽毛球运动的人，呼吸深而缓慢，每分钟约 8 ~ 12 次，这就使呼吸肌有较多的休息时间。这种差别在运动的时候表现得更为明显。例如，在运动量相同的条件下（轻微运动），一般人呼吸可增加到每分钟 32 次左右，每次呼吸量只有

300 毫升，每分钟呼吸总量＝300 毫升×32＝9 600 毫升。而运动员呼吸每分钟16 次左右，但每次呼吸量可达 600 毫升，每分钟呼吸总量＝600 毫升×16＝9 600毫升。从表面上看，一般人与运动员每分钟呼吸量相同，但实际上气体交换量却不相同。因为，每次呼吸都有 150 毫升空气留在呼吸道内，不能进入肺泡进行气体交换，所以实际换气量应是：一般人实际换气量＝(300－150)×32＝4 800 毫升；运动员实际换气量＝(600－150)×16＝7 200 毫升。

这表明肌肉工作需氧量增加时，一般人是以增加呼吸频率来适应氧气的需要量，因此，进行羽毛球运动时常常气喘，而经常进行羽毛球运动的人由于呼吸机能提高，呼吸加深，在相同的条件下，呼吸频率稍有增加，就可以满足气体交换的需要。因此，可以耐久工作，不易疲劳。

知识链接 2－1

呼吸系统

人体生命活动过程是一个消耗能量的过程。能量来源于人体内的能源物质。把这些物质变成能量，需要有一个氧化过程。所以人体必须不断地从外界吸进氧气，呼出二氧化碳。这种气体交换过程，就叫呼吸。

人体参与呼吸的器官，总称为呼吸系统，包括鼻、喉、气管、支气管和肺脏，其中肺是气体交换的场所，而其他都是气体交换的通路（总称为呼吸道）。人在安静状态下，每分钟大约需要氧气 0.25～0.3 毫升，这样只需 1/90 的肺泡工作，便足以完成。若长期如此，用则进，废则退，呼吸系统的功能就会大大降低，而且容易得病。

二、羽毛球运动对血液循环系统机能的影响

良好的血液循环系统是一个强健体魄所必须具备的条件。经常进行羽毛球运动可提高心血管系统的机能，减少“文明病”的产生。

知识链接 2－2

循环系统

循环系统是由心脏和血管组成的，所以又叫做心血管系统。心脏是血液流动的原动力，血管是供血液流通的渠道，遍布人体。血液是担负运输养料和氧气、排除代谢产物和二氧化碳的工具。心脏的作用是使血液在血管里不断地流动，以便把氧气和营养物质运送给各组织、细胞，同时，把组织、细胞在新陈代谢过程中产生的二氧化碳和废物运送到肺、肾和皮肤等处，排出体外。

羽毛球运动对人体各器官、系统都有良好的作用，对心血管系统更是如此。进行羽毛球锻炼时，可以加快血液循环，同时提高心血管系统的机能。经常从事羽毛球运动能使心血管系统的机能得到明显提高，使心肌变得肥厚，心动徐缓和血压降低。羽毛球运动能使血液循环系统得到锻炼，结构、机能得到改善。

三、羽毛球运动对力量素质的影响

人体的任何运动，都表现为肌肉活动。因此，肌肉的发展，对于提高劳动和运动的能力极为重要。羽毛球运动对肌肉的改变尤为明显，可使肌纤维增粗，肌肉横截面积增大。一般人肌肉重量占体重的35% ~40%，而经常参加羽毛球运动的人的肌肉重量可增到50%左右。在青少年中不少人肩窄、胸平，胸部根根肋骨显露，只要坚持经常的羽毛球运动，便会使肌肉发达，比例匀称，健美有力。参加羽毛球运动时，血液供应增加，蛋白质等营养物质的吸收与储存能力增强，肌肉工作加强，肌纤维增粗，使肌肉逐渐变得更加粗壮、结实，肌肉力量增强。由于肌肉中肌红蛋白的增加使其结合氧气的能力增强了，储存的营养物质肌糖元增加了，肌肉内毛细血管的数量也增多了，所以更适应运动或劳动的需要。此外，肌肉纤维和肌腱的联结，肌腱与骨骼的联结也会比一般人结实。通过系统的羽毛球运动，还可以提高神经系统对肌肉的控制能力，表现在肌肉的反应速度、准确性和协调性都有提高，肌肉工作时能量消耗下降，效率提高。这些使运动员能在肌肉的力量、速度、耐久力和灵巧性等方面都远远超过一般人，还可以避免人体在日常活动和羽毛球运动过程中由于肌肉的剧烈收缩而造成各种运动损伤。

四、羽毛球运动对速度素质的影响

速度素质是锻炼者快速运动的一种能力。羽毛球运动要求快速的脚步移动、灵敏的反应速度、位移速度等，这些要求都在影响和锻炼着锻炼者的速度素质。在羽毛球运动中攻防转换迅速，要求动作变化快而准确，且攻中有防，防中蕴攻，其技战术的充分发挥均是以不同的速度形式表现出来的，速度的表现具有多变性和复杂性，速度素质决定着羽毛球运动技战术运用和发挥的成效。

羽毛球运动中的速度表现形式有反应速度、动作速度、动作频率和位移速度。反应速度包括简单反应速度和复杂反应速度。平时练习中，通过信号练习、特定动作练习等专门性练习可提高练习者的简单反应速度，而长期的、有意识的防守反击练习则能有效地锻炼瞬间选择性反应能力。长期进行羽毛球运动对速度素质（尤其是快速启动能力）的影响是多方面的。速度素质的逐渐提高对神经系统的灵活性，肌肉弹性、韧性、活性、伸展性等都有较大的促进作用，有助于身体健康。

五、羽毛球运动对柔韧素质的影响

影响柔韧素质的因素是多方面的，这些因素可以通过羽毛球运动得以改善，进而提高人的柔韧素质。

（一）羽毛球运动可使关节周围组织的功能增强

柔韧素质的表现主要来自骨关节，而骨关节结构因受先天的影响难于改变，所以，改善骨关节周围组织是加强关节柔韧素质的有效措施。

关节的加固主要靠韧带和肌腱，肌肉则从关节外部补充加固关节的力量，控制关节活动幅度，它们共同作用，限制关节在一定范围内活动，从而保护关节不致超出解剖允许的限度而受伤。当具体发展某一关节的柔韧性时，主要发展控制关节屈、伸肌的伸展性及协调能力，牵拉限制关节活动幅度的对抗肌，逐渐增加它们的伸展度。为了力求达到关节的最大解剖伸展度，就必须在完全克服对抗肌的限力以后继续拉伸，从而牵拉到肌腱，最后才拉伸到韧带，所以平时我们所说的“拉韧带”，实际上首先是对肌肉、肌腱的拉伸。

拉韧带主要采用主动或被动的静态伸展法、主动或被动的弹性伸展法等形式。主动或被动的静态伸展法是缓慢地将肌肉、肌腱、韧带拉伸到有一定酸、胀和痛的感觉的位置，并保持此姿势 10 ~ 13 秒（视不同情况而定），对某一块肌肉的伸展应连续重复 4 ~ 6 次。主动或被动的弹性伸展法是指有节奏的、速度较快的、幅度逐渐加大的多次重复一个动作的拉伸方法。主动的弹性伸展是靠自己的力量拉伸，被动的弹性伸展是靠他人的帮助或负重借助外力的拉伸，主动或被动拉伸都要注意力量适当，否则可能导致肌肉拉伤。

（二）羽毛球运动可以产生适合于柔韧性改善的体温

肌肉温度升高时，新陈代谢增强，供血增多，肌肉的黏滞性减弱，从而提高肌肉的弹性和伸展性，使柔韧素质得以提高。影响柔韧素质的温度有外界环境温度和体内温度，体内温度的调节用于补偿外界环境对机体产生的不适应。当外界温度较低时，必须做好充分的准备活动，提高肌肉温度，从而增加柔韧素质；当外界温度较高时，应排出汗液降低温度，以免肌肉过早出现疲劳而降低关节的柔韧性。

知识链接 2-3

柔　韧　性

柔韧性是一种重要的体能成分。它是指身体各个关节的活动幅度以及跨过关节的韧带、肌腱、肌肉、皮肤和其他组织的弹性和伸展能力。柔韧性包括两方面的含义：一是关节活动幅度的大小，二是跨过关节的韧带、肌腱和肌肉等软组织的伸展性。关节的活动幅度主要取决于关节本身的结构，关节的结构不同，柔韧性也有差别。关节的骨结构是不能改变的，但跨过关节的韧带、肌腱和肌肉等软组织的伸展性则可以通过合理的训练得以提高。

就体育锻炼中的柔韧性而言，柔是指肌肉、韧带拉长的范围，韧是指肌肉、韧带保持一定长度的力量，限制关节的最大活动幅度，防止关节受伤。柔和韧的集合便是柔韧。

根据人体生理解剖结构，柔韧包括四肢和躯干各关节的柔韧。主要关节有肩、肘、腕、髋、膝、踝、脊柱等。柔韧性的锻炼就是针对上述各关节灵活性的练习。

原先，柔韧性被认为是体能的一种组成成分而非健康因素。但对于一个健康的人而言，全身能够自由灵活地做出各种动作，必须要具备基本的柔韧性。如关节炎患者的一个关节失去了其正常的功能，一动就痛，并且活动受到限制，连正常运动也受到阻碍，健康受到的损害首先表现在柔韧性受到的损害。这说明柔韧性也应该是一个健康因素。

第二节　羽毛球运动与心理健康

知识经济的迅猛发展对大学生的整体素质提出了新的要求和挑战，加之毕业后自主就业和市场竞争日趋激烈的社会环境，大学生所承受的压力越来越大，心理疾病的发生率迅速提高，身心健康的问题越来越突出，它已经成为当今家庭、学校和社会最为关注的焦点问题。因此，采取必要的措施，使学生掌握正确的方法，及时自我心理调节是非常重要的。羽毛球运动是大学生保持健康心理、适应社会的一种简便而有效的方法。

当你的心情焦虑或是情绪低落时，通过羽毛球运动或其他运动手段来提高大脑的兴奋水平，改善自身的情绪状态，使抑郁的心情在参加羽毛球运动后逐渐地排解或淡忘。科学证明，精神的放松有助于缓解焦虑所引起的不适，而羽毛球运动则可以在活动躯体的同时放松紧张的情绪，从而使身心慢慢进入一种自然放松的快乐之中，使运动者恢复良好的生活、学习状态。

一、羽毛球运动的健心作用

社会的进步使人们越来越重视心理健康，对大学生健康的心理培养已逐渐被各学校所重视。当代大学生可谓“天之骄子”，他们在高考的激烈竞争中脱颖而出，有着良好的学习环境并对未来充满憧憬。然而，这种环境对健康心理的形成并不十分有利，即缺乏西方称之为“不良刺激”的环境，当前的大学生由于缺乏在艰苦环境中经历挫折和失败的机会，心理较脆弱，所以在学习过程中一旦出现考试失利或其他挫折，容易从积极、自尊心理转变为消极、自卑。因此，必须加强学生心理耐挫力和韧性的锻炼，培养其逆境中奋发图强的精神，发扬艰苦奋斗这一中华民族的传统美德，这也是事业成功者必备的精神素质。从学生处在学校的各种学习、生活环境来看，“不良刺激”有不少来源于体育活动。例如，早晨锻炼时从暖烘烘的被窝中爬起；冬季到寒风中去奔跑；体育竞赛中失掉名次；体育活动中，在众目睽睽之下动作失误等，承受这一切都需付出一定的毅力和勇气，对学生心理承受力的提高和锻炼有较大的促进作用。这些尽管和社会竞争的激烈程度不能画等号，但终究对学生的百折不挠的意志品质和心理挫折耐受力的养成有积极意义。

羽毛球运动具有直观性的特点，它要求学生必须综合地运用各种有关的感觉器官，不仅通过视觉、听觉来感知动作的形象，还要通过触觉和肌肉的本体感觉来感知动作的要领、肌肉用力的程度，以及动作过程中的时间与空间关系等，从而建立完整、正确的动作表象。在这个过程中，大学生的感知能力、观察力以及形象记忆、动作记忆能力等均得到发展与提高。

羽毛球学习内容的多样性、吸引力、复杂性与多变性，能使人从中体验到满意、愉快、紧张、兴奋、焦虑等多种不同的情感体验。羽毛球的团体学习活动以及同学之间的互助互学等，能启发学生的社会意识，使其增强自尊、自信以及责任感。学习羽毛球的竞争性能激发学生的进取心，锻炼学生的意志，使各种情感体验更加深刻，影响作用更加广泛。

二、羽毛球运动有助于情商的培养

体育是人类社会实践活动的重要内容，能给人以各种体验，激发各种情感。例如，通过努力终于学会了某个动作，学生就会产生满意、愉快的情感；运动场上受到同学的关注，得到别人的赞许，会产生高兴、惬意的情感；参加激烈的比赛，产生紧张的情感；一旦取胜，产生兴奋、欢乐的情感；而失利时则产生忧郁、失落的情感。经常参加体育活动能丰富大学生的情感体验。

羽毛球运动能有效地培养大学生的自我调节和控制能力。在羽毛球运动中，随着运动的激烈开展，学生也要经历情绪的波动起伏。有胜利的喜悦和兴奋，也有失利时的忧郁和着急，落后时急着想赶上去，领先了又担心对方追上来，而且各种心态经常交错出现。而无论哪种心态，要想使活动更好地继续下去，必须及时调整自己的心态，用情感的动力去调节自己，保持动作与情感协调一致，这样才能发挥出应有的水平。在激烈的运动中，人的情绪往往难以控制，而羽毛球运动的游戏性和竞赛规则的权威性又能促使运动者努力控制好自己的情绪。所以，经常参加羽毛球活动能逐渐提高大学生的自我调节和控制能力。

知识链接 2-4

情商（emotion quotient）——现代人更看重情绪智力和社会智力

情商（EQ）是一种能力，可以感觉、了解和有效地应用情绪的力量与智能作为人类的能量、信息和影响的来源。情商不只是显示出理性的智能，但却是来自人心的智慧。情商让我们学习认同与珍惜我们和他人的感受——在我们日常的生活与工作中，适当地回应他们，有效地应用信息和情绪的力量。情商鼓励我们继续探索我们特殊的潜能和目标，及启发我们内在最深处的价值与渴望，转化思想为实际的生活。情商拥有的基本架构如下：①自我的醒觉，即个人有能力赏识和了解自己的心情，情绪和本能的冲动，和其对他人的影响。②自动调节、控制或转化冲动，做到三思而后行。③同情心或了解他人情绪结构的能力及适当响应他们情绪反应的技能。④人际关系技能，即显示个人在处理人际关系上和建立网络的专业能力，也包含寻找共同点与建立亲善关系的能力。

社会心理学的研究表明，情商的提高与人的行为活动密不可分。在羽毛球运动过程中，运动者拥有一个较为广阔的空间领域，思维活动与机体活动紧密结合，有利于情商的显示和发展。羽毛球运动内容的多样性，为运动者的情商向多元化发展提供了条件，对培养运动者的社会适应能力具有特殊的作用。经常参加羽毛球运动者更易与他人形成亲密的关系，人际交往能力亦更强。

三、羽毛球运动促进意志品质的改善

良好的意志品质产生于对客观事物的深刻认识和了解，只有正确认识客观事物，才能推动和指导人的意志行动，才会有意志行动的自觉性、果断性、自制性和坚持性。另外，意志与情感是紧密联系的，培养良好的意志品质要与培养高尚的情操结合起来，因为高尚的情操是坚强意志的动力，一个人如果缺乏高尚的情操，是不可能在艰苦的锻炼过程中发挥什么意志品质的。

坚定的意志是在克服困难的过程中培养出来的，只有在困难面前，学生才需付出一定的意志力，从而取得锻炼意志的效果。因此，在羽毛球运动过程中可适当利用恶劣的气候条件和环境提高学生的意志品质，采用多种手段和方法，使学生在克服困难的过程中体会成功的喜悦，磨炼自己的意志。针对学生大都具有较强的好胜心理和不服输等特点，还可以采用一些竞赛手段和方法，如游戏、比赛等，充分调动练习者的学习积极性，培养学生积极进取和顽强拼搏的精神。

在羽毛球运动过程中，总是会遇到各种各样的困难与障碍，其中有来自内心的，如紧张、害怕、失意等情绪，也有来自外界的，如学习条件、设备、环境、气候等。为了实现目的，就必须发挥意志的作用，克服困难。所以，羽毛球运动的过程，是实现意志行动的过程，可以发展学生的自觉性、果断性、自制性等良好的意志品质。

四、羽毛球运动抵御心理障碍

羽毛球运动也是人的一种社会实践活动，有着明显的目的性，这种目的性制约着人在羽毛球运动中的一切行动，因此羽毛球运动能有效地培养大学生的心理承受能力，从而使羽毛球运动具有深远的教育价值。在羽毛球运动中，人们总是遇到各种各样的困难和障碍，其中有来自内心的，如紧张、害怕、失落、犹疑等心理；也有来自外界的，如来自大自然的地理、气候环境和运动环境的复杂多变等。为实现目的，就必须承受各种压力，努力克服各种困难，消除障碍。因此，经常参加羽毛球运动能逐渐加大学生的心理负荷，提高心理承受能力，减少心理疾病的发生。

知识链接 2-5

体育心理负荷

体育心理负荷是指在体育运动中由各种与运动有关的外部刺激引起的一种内部心理压力或负担，它取决于外部刺激的强度和学生个体内部心理承受力的大小。可见，不同的环境刺激以及不同的心理承受能力，都会导致学生产生不同程度的心理负荷。此外，动机、情绪、运动能力、意志努力、兴趣等都是影响心理负荷的重要因素。

第三节　羽毛球运动与社会适应能力

一、羽毛球运动有助于正确价值观念的培养

价值观念是文化观念的核心，也是文化精神的集中体现，它是指人们对社

会经济活动的价值判断或价值取向。青少年正处于世界观形成的重要时期，这个时期价值观的发展对他们以后职业选择、家庭的建立和积极人生态度的形成具有重要的意义。羽毛球运动是以进取求胜为最终目标的活动，且有较为一致的评价标准（胜负、优劣），经常参加羽毛球运动可以培养学生良好的社会行为、积极向上的人生态度、正确的价值标准，并使之基本保持一致，为他们未来适应社会打下坚实的基础。

羽毛球运动可以锻炼拼搏进取的人生观。每一个站在世界冠军领奖台上的运动员，无一不是经历了十几年风风雨雨的艰苦磨炼而获得胜利的。挥汗如雨，冬练三九，夏练三伏，哪一个不是吃苦耐劳，持之以恒地接受着超乎常人承受能力的练习，才换来高举奖杯的辉煌。羽毛球运动最能直接地使人们感悟成功喜悦的背后是要靠日积月累的奋斗，辉煌皆由汗水铸成的道理。因此，羽毛球运动是培养拼搏进取的人生观的最好的活动之一。

二、羽毛球运动有助于竞争意识的培养

竞争意识是现代人的重要素质之一。它是支配人行为的一种心理活动过程，是社会生存竞争规律在人脑中的反映。在现代社会中，谁的竞争意识强，谁就占有生存发展的优势，就能获得成功和进步。因此，应该经常注意竞争意识的培养，并探索培养这种意识的有效手段和方法，以使学生在学业上、职业选择上和今后的事业发展中获得成功。经常参加羽毛球运动和比赛，是培养竞争意识的一个良好途径。羽毛球比赛具有鲜明的优胜劣汰的特点，竞争主体经常更换，名次优胜经常易之，使参与者始终有获取成功的现实可能性，因而能促使人奋发向上。由此焕发的竞争和奋斗精神又具有迁移性，可供人们在其他领域作为借鉴，得到收益。正因如此，多参加各种羽毛球运动与比赛，能提高其竞争意识，为其今后走向社会，并适应社会的竞争环境打下良好的基础。

知识链接 2-6

羽毛球运动与竞争

竞争是现代羽毛球运动的灵魂。在羽毛球运动中处处体现着通过实力和十足的对抗性，而争取胜利的内容，并在此激烈的对抗中培养着参与者的竞争动机、竞争性格、竞争意识和竞争心理状态等。

（一）羽毛球运动对提高竞争意识的深刻影响

首先，它能为练习者营造一种生机勃勃、奋发上进的生活氛围，帮助练习者树立正确的人生价值取向；其次，还能激励练习者不断拼搏进取，培养坚强

的个性心理和吃苦耐劳的优良品质，同时也能培养参与羽毛球运动的兴趣，体验到羽毛球运动的快乐，提高身体素质和运动技能。除此之外，还能受到严格执行规则、公平竞争、遵守纪律、尊重他人、协同配合等社会公德教育。

（二）羽毛球运动对竞争能力的培养

羽毛球运动要求练习者在身体、技艺、能力等方面均表现出较高水平。因此，为了在竞争的过程中，在运动技术和技能方面能有超人的表现，创造优异的运动成绩，运动者就必须进行长期艰苦的训练或培训，才能在竞争中具有勇敢顽强、机智果断、团结协作、不畏艰难、拼搏奋进等竞争的基本素质和能力。这些竞争的素质和能力也正是当今社会人才竞争所必须具备的素质与能力。因此，通过羽毛球运动的学习、练习与竞赛，可以培养参与者在激烈竞争中获得生存、提高和发展的竞争能力。

三、羽毛球运动有助于协作意识的培养

“科学技术是第一生产力”，科技在现代社会、经济发展中具有极其重要的意义。当今世界科技迅猛向前，给生产力的发展带来了巨大的推动力量，对人类社会产生广泛深刻的影响，现在国际上综合国力的竞争，很大程度上取决于科技实力的强弱，大学生是未来科技发展的中坚力量，必须顺应时代发展的需要，努力促进我国科技事业的发展，而要做到这一点，协作意识便是大学生必须具备的。美国科学家朱克曼对诺贝尔奖获得者的研究方式曾做过一次调查：1901—1972 年，共有 282 位科学家获得此项殊荣，其中共有 158 人，即多达三分之二的人是在与他人合作研究中取得成功的。在诺贝尔奖设立的第一个 25 年里，合作研究获奖人数占 49%；在第二个 25 年里，这一比例上升为 65%。协作可以产生新的生产力，这是马克思的一个著名观点。马克思指出：由协作和分工产生的生产力不费资本分文，这是社会劳动的自然力。我国是一个发展中国家，科技水平整体不高，过去正是依靠社会主义的科技大协作，取得了“两弹一星”的科技重大成就，科技大协作过去是、现在是、将来仍然是我国科技发展的法宝，大学生有无协作意识对我国未来科技发展，乃至社会发展的关系极大。从科学技术发展的角度看，我们已认识了协作的重要性，那么，通过什么手段提高人们的协作意识和协作能力呢？固然，协作意识的培养方法有很多，然而，体育运动中的羽毛球运动就是其中赋有代表性的一种。羽毛球运动对于培养协作意识的作用表现在以下几个方面：

（一）引导练习者克服极端个人主义

极端个人主义的突出特征就是以个人为中心。表现在认知上，就是关注自我；表现在对物的关系上，就是占有；表现在交往上，就是利己；表现在与他人的冲突上，就是排他。有时为了满足自己的利益甚至不择手段，这种思想和

行为的产生，就是由于对自己和他人缺乏正确的认识和评价。一个人不可能孤立地生存在世界上，总是需要与人交往和合作，而在交往与合作中，需要的是人道原则、公正原则、互利原则和相互尊重的原则，如果坚持以个人为中心的极端利己主义，就不能实现真正的交往与合作。羽毛球运动尤其是双打项目要求合作者之间必须相互体谅、相互支持、相互配合，任何个人主义行为都将导致失败的结局。所以，我们可以在羽毛球运动中，培养我们的合作、配合能力，这对于消除学生的个人极端主义有很大的帮助。

知识链接 2–7

羽毛球运动与协作、协作与社会

羽毛球运动对协作意识和协作能力的锻炼与培养是羽毛球运动本身属性所决定的，它对造就未来社会高度需要的协作型人才所起到的作用是其他教育方式难于比拟的。

（二）引导练习者克服嫉妒心理

嫉妒是一种不健康的情绪，也是一种消极的心理感受。这种心理的主要特征是：把别人的优势看作是对自己的威胁，把别人的发展看作是对自己的挑战，把别人的关心看作是对自己的不怀好意，把别人的朋友看作是自己的敌人，并由此感到不满、愤怒和对他人的怨恨。这种人心胸狭窄，心理承受能力差，不希望别人成功或超过自己。具有这种心理的人既难与人沟通，又难与人交往，是合作的大敌。羽毛球运动要求合作者之间具有真诚、坦率、宽广的胸怀，认可合作才能成功。因此，羽毛球运动对于消除合作者之间的嫉妒心理是非常重要的。

（三）引导练习者克服冷漠的心态

冷漠是一种内隐性的消极心态，这种心态常与失望相随，更与孤独相伴。其主要特征是：自我孤立、自我封锁、自我压抑，怀疑一切、漠视一切、回避一切，害羞、苦闷、退缩，压力大、矛盾多、热情少。具有这种心态的人，既不愿意与人交往，更不善于与人合作；既缺乏与人交往的积极性，更缺少与人合作的基本技能。因此，只有克服冷漠心态，才能与人合作。羽毛球运动迫使冷漠的学生不得不与其他人打交道才能提高技战术水平，在羽毛球运动的过程中逐渐形成与人沟通、与人打交道的良好习惯，进而扩展到其他的社会活动中去。

四、羽毛球运动有助于社会角色的转变

社会结构由多种各司其职，有一定特定权力、义务和行为规范的人员组

成。每一个社会角色，都代表着有关的行为期望与规范。每一组单独的社会关系都有构成关系的两极，如师生关系的师与生所处的位置是社会关系中教师的社会地位和学生的社会地位。担当了某种社会角色，就要表现这个角色的特征。当父亲就要像父亲，做儿子就要像儿子。如果做什么不像什么，不但完成不了自己角色的任务，还会影响别人。人们常说的“教不严，师之过”就是指教师辜负了社会对于教师这个角色的期望。可以说，一个人要符合社会的要求，取得社会成员的资格，就必须学习适应的社会角色。体育运动场合，恰好能为人们学习社会角色提供优越的环境与适宜的条件，可为人们提供尝试社会角色的各种机会。

所谓体育运动中的角色，也就是指个人在由体育而结成的社会关系中所处的地位。这种地位有其权利、义务和相应的行为要求。比如，两个班级在进行羽毛球团体比赛时，两个队各自的男单、女单、男双、女双、混双等各个角色，都有各自所起的作用，通过与该地位相适应的角色行为而产生相互的社会关系。每个参与者必须在活动之前，详细理解游戏的规则，了解不同角色所拥有的义务、权利、行为规范。知道每个角色允许做什么，不允许做什么，应该做什么，不应该做什么。只有参与者真正理解不同角色的义务、权利、行为规范，他才能顺利地融入活动中去。在羽毛球运动中，如果参与者成功扮演了自己的角色，他就会获得他人及同伴的认同与表扬，从而加深对自己角色的体验，使角色意识、角色行为得到强化。如果参与者扮演角色失败，就可能会受到教练及同伴的批评与指正，使参与者对角色义务、权利、行为规范的理解得以矫正，保障下一次活动角色扮演成功。

通过羽毛球运动，可以为学生扮演社会角色提供尝试的机会，使他们懂得社会角色是与人们的某种地位、身份相一致的一整套权利、义务的规范与行为模式，这有利于学生懂得“做什么，像什么”的社会意义，使他们面向社会时干一行，爱一行，努力做好自己的工作。也可使学生体会到经过个人努力是可以成功扮演各种角色的，从而体验出人的主观努力是改变社会地位的重要途径。

五、羽毛球运动有助于个性的形成

个性是指个人在其生理和心理素质的基础上，在一定社会条件下，通过实践锻炼和陶冶，逐步形成的观念、态度习惯和行为。它是一个人比较稳定的心理、生理素质和社会行为特征的总和，是一个人能否适应社会或能否被社会接受的关键因素。个性特征包括人的能力、气质和性格等内容，其中最重要的内容是性格。21世纪是一个以知识经济为特征的充满竞争的世纪，社会日趋复杂，分工愈加精细，各个阶层、各个领域、各个行业都需要不同个性的人去承担。

羽毛球运动不仅对促进人们的机体施加影响，同时还能作为社会教化的手段促进个性的形成与发展。

（一）羽毛球运动能改造自我和发展个性

羽毛球运动可使人满足兴趣，调节感情，增强意志。不同的运动类型能培养人们不同方面的心理素质和意志品质。从完善个性方面讲，羽毛球运动使人们在娱乐中体验拼搏、竞争意识。爱美、好胜是人的天性，体质虚弱，疾病折磨会使人心理扭曲，以致变态厌世。羽毛球运动是美的一种表现形态，给人以力量美、速度美、节律美、形态美，从而获得难以言喻的美妙感受，这对于发展与改造自我有很大的帮助，有利于良好个性的形成。

（二）羽毛球运动对个性的影响

1. 羽毛球运动对自觉性的影响

从事羽毛球运动必须有明确的锻炼目的，才能调动和提高锻炼的自觉性和积极性，一个人要获得一个健康的身体，就要有高度的锻炼自觉性。大多数人参加羽毛球运动的目的是娱乐、强身健体。不论其动机如何，都必须有一个支配自己行动的自觉性。在羽毛球运动过程中，学生最主要的一个原则就是形成自觉习惯，在没有别人监督和催促的情况下积极地进行练习，并制定锻炼计划，按部就班地运用羽毛球运动的手段和方法锻炼身体。因此，羽毛球运动对人的自觉性培养是非常重要的。

2. 羽毛球运动对自制力的影响

有自制力的人善于控制自己的情感，在遇到挫折与失败时，自制力强的人不为失败所吓倒，保持清醒的头脑，认真总结经验，以最大的毅力去克服困难。对于别人的误会或不礼貌的言行能够忍让、不计较个人得失。羽毛球运动锻炼内容非常丰富，其中有很多是在集体配合或与对方的对抗中进行的、带有规则约束性的项目，对参与的人形成了许多限制。所以，在比赛或练习中受到的侵犯都必须承受下来，否则会违反规则受到处罚；比赛过程常常遇到的漏判和错判，也要求必须冷静地面对，在领先转落后，胜利距自己只有一步之遥的情况下，也要能够控制自己。所以，参加这样的羽毛球运动，人的自制力时时受到挑战。经过不断地磨炼会增强参与者的自制力，使参与者在活动中得到锻炼。

3. 羽毛球运动对果断性的影响

缺乏果断性的人常常表现为优柔寡断、顾虑重重，使大好机会错过，或者是急躁、草率，最后导致失败。经常参加羽毛球锻炼的人能够表现出果断的个性。例如，在竞争中对各种情况都要迅速、果断地做出反应。特别是比赛的关键时刻，对人的果断性的锻炼是比较突出的。可以说，羽毛球运动对人的果断性的培养创造了一个得天独厚的环境。练习者在这样的环境里能较大程度地提高自己的判断力，成为一名敢于向困难挑战的强者。

六、羽毛球运动有助于建立良好的人际关系

一个生活在社会之外，同其他人不发生关系的人是不存在的。可见，人有合群需要，不愿意孤独、独处。医学心理学研究的结果表明，长期独处的人，慢慢会变得神情忧郁、心理变态，其寿命往往比乐观、开朗、爱交往者短。人通过彼此间的相互交往，诉说各自的喜怒哀乐，能增进相互之间思想感情的交流，产生一种亲密感，发生相互之间的依恋之情，从中吸取力量。一个不善于和人交往的人，他的人际关系一定很淡漠。他对人不能敞开心扉，自然得不到他人的关心和帮助，他的事业也一定不会成功。

现实生活中，我们往往从别人的肯定和赞许中自信起来，正确地认识自己的长处和优势。我们也常常在和别人的比较中发现自己的缺点和不足。只有通过广泛的交际，才能使自己从自我迷糊的状态中挣脱出来。人只有通过交际，才能成为一个聪明的人、健康的人和有力量的人。体育运动为人们提供了相互交流的机会，人们可以与任何一个素不相识的人同台竞技，最终导致“不打不成交”的收获，并通过场上的争斗，成为场下的朋友。

知识链接 2-8

交往对大学生发展的意义

（1）交往形成的凝聚力为大学生成才创造良好的氛围。

（2）交往是大学生个体社会化的必由之路。

（3）交往是大学生全面成才的需要。

（一）羽毛球运动能协调人际关系

人际关系是影响人的社会适应能力的主要因素。在生活中我们常常可以发现，那些人际关系好的人总是心情愉快、精神饱满，对什么事情都充满兴趣，这些人生活得很愉快、很舒畅；人际关系不好的人常常无精打采、抑郁寡欢，缺乏生活的乐趣。羽毛球运动就具有沟通和协调人际关系这一功能。羽毛球运动总是在一定的社会环境中进行，它总是与人群发生着交往和联系。人们在运动中能够较好地克服孤僻，忘却烦恼和痛苦，沟通、协调人际关系，扩大社会交往，提高社会适应能力。比如，通过加入羽毛球俱乐部或协会，在经常交流羽毛球球技的同时，认识了很多对羽毛球有共同兴趣的同学和朋友。在进行练习或比赛中，相互之间不仅提高了球技，更促进了感情，增进了沟通。由此可见，羽毛球运动在增进人们的相互交往、克服孤独感、沟通和协调人际关系等

方面都具有重要作用。

现代社会发展的进程越来越快，每一个人进入社会，首先要求的就是与人协作。1995 年联合国教科文组织对现代人的素质要求，第一条就是与人协作的能力。羽毛球运动多以集体的方式进行，参加羽毛球运动的过程是一个与他人紧密协作和配合的过程。羽毛球运动离开了与他人积极的配合，单靠个人是无法进行的。因此，参加羽毛球运动的过程，就是主动积极地与他人沟通、协作的过程，这样的参与将有效地促进与他人沟通、协作能力的发展，增强社会的适应能力。

知识链接 2-9

人际关系

人际关系是指人们为了满足某种需要，通过交往而形成的彼此间比较稳定的心理关系。它代表了人与人之间的心理距离，反映了个人或团体寻求满足其社会需求的心理状态。人际关系原则：①诚信原则；②平等原则；③互利原则；④尊重原则；⑤宽容原则；⑥适度原则。

（二）羽毛球运动对人的沟通能力的影响

多彩的生活和成功的事业都离不开沟通。沟通可以使双方交流情感，交流思想，一个不能准确表达个人意愿和意图的人，又怎能得到他人的充分理解和支持？彼此不能相互理解和支持就不能很好地配合。羽毛球运动对提高与人的沟通能力无疑是相互沟通的一个重要途径。

羽毛球运动的特殊性，决定了必须由两人以上才能完成每次训练，每一个动作还都需要老师的讲解示范和指导，这时无论是对技术动作的纠正还是练习中的相互配合都需要双方随时沟通，这种沟通不仅具有直观性、及时性和准确性，还是主动性沟通、注意力集中性沟通和信息交流充分性沟通的典型体现。所以，经常参加羽毛球锻炼，可以有效地提高人的沟通能力，形成良好的人际关系。

七、羽毛球运动有助于体育道德的培养

人们从事羽毛球运动的初衷大多是出于强身健体，但这只是有形的、物质方面的功效，在羽毛球运动过程中，还同时存在着无形的、文化层次和道德层次的修养，这也是羽毛球运动不仅可以健身，还可以健心的原因。

（一）羽毛球运动具有鲜明的文化特征

人们往往注意到体育运动的生物功能，忽视它在精神、文化方面的作用。针对这一认识，国际奥委会第四任主席埃德斯特隆说：“奥林匹克运动存在的

真正原因在于它不仅在身体上改善人类，而且使他们的思想更加高尚，加强了人们之间的理解与友谊”。奥林匹克的这种精神完全渗透到羽毛球运动之中。羽毛球运动体现出鲜明的文化特征。

人们追求自我完善，自我超越，追求美好的理想在羽毛球运动中得以充分体现。从接触羽毛球活动开始，一步步走向新的目标，都经历着克服困难、战胜自我的精神历程。虽然业余羽毛球爱好者的球技不可与职业选手相提并论，但在体现奥林匹克运动不断进取、永不满足的奋斗精神方面是一致的，都在追求着“更快、更高、更强”。人们在羽毛球运动中不自觉地提升着文化修养。

（二）羽毛球运动具有鲜明的道德特征

公平竞争是体育道德的本质，也是奥林匹克精神的核心。羽毛球运动是对手间在技术、体能、智慧上的公平较量。竞赛规则、项目自身特点使得选手之间没有身体接触，没有故意伤害对方的行为。比赛双方每两局交换一次场地，也体现出一种公平。羽毛球运动的公平是建立在民主的基础上，即有程序的民主，也有目标的民主。

羽毛球运动的体育道德在赛场处处有所展示。首先，选手服从裁判。羽毛球速度快，如发球时，司线员在难以看清球的出界与否的情况下，多数情况凭借经验判断，这就难免出现错判。这正是运动员的体育道德展现的时刻，在羽毛球运动中，极少出现运动员不服从裁判的现象。其次，尊重对手。对手没有做好准备，可示意不接对方发球，由对方重发；对方打出好球，由衷地表示赞赏；以顽强的意志或高超的技术赢得对方的尊重等等。羽毛球运动中的体育道德精神还表现在运动员的顽强拼搏之中，有的比赛持续很长时间，如此大强度的比赛，拼搏这么长的时间，对运动员的意志和毅力是极大的考验，这无论是对运动员本身还是对观众，都是一种道德品质的教育。

（三）在羽毛球运动中提高道德修养

对于观众，羽毛球运动的道德教育是由运动员的榜样作用来达到的，对于羽毛球爱好者，道德精神的修养是伴随着羽毛球运动的开展而逐步提高的。

1. 职业选手榜样的作用

以良好的榜样教育青少年，是一种重要的教育方式，尤其对于青年和少年这一具有极大可塑性和模仿力的群体更是如此。当代羽坛上的著名运动员都具有榜样作用，无论是球技，还是道德风范。例如，我国羽毛球运动员在第九届苏迪曼杯比赛中取得了大满贯的好成绩，为广大的羽毛球爱好者树立了良好的榜样，增强了民族自尊心与自信心。

2. 羽毛球运动的亲身经历可提高个人的道德修养

在亲身参与羽毛球运动的过程中，可提高参与者的体育道德水平。羽毛球运动从学习基本技术开始，在较长的学习过程中，要与教师交流，与同伴配合，在掌握羽毛球技术的同时，学会与教师和同伴的互相尊重与理解。

在达到一定技术水平后，经常进行比赛交流，羽毛球比赛的经历有助于提高尊重裁判、服从裁判、尊重对手、公平竞争的道德修养。在比赛中经受顽强拼搏的情感体验，锻炼自己的意志品质，以自己的实力和毅力获得别人的尊重和承认，鄙视或消除投机取巧、欺骗裁判或对手的行为和心理。

羽毛球的竞赛总是有输有赢，可真实地体验自己的技术水平，有助于正确的自我评价，能使人自信而不傲慢，谦虚而不自卑。另外，羽毛球运动是用规则来规范的，是人人都自觉遵守的，这将有助于养成人们遵纪守法的道德观念。

思考题

1. 羽毛球运动为什么能促进心肺功能的增强？

2. 羽毛球运动有利于发展哪些身体素质？你本人的身体素质在哪些方面有优势，在哪些方面有劣势？准备采取什么改善措施？

3. 羽毛球运动对灵敏性和柔韧性有何影响？

4. 羽毛球运动对心理健康有何促进作用？

5. 羽毛球运动可以从哪些方面影响人对社会的适应能力？你怎样有意识地利用羽毛球运动提高自己适应社会的能力？

第三章　羽毛球运动的发展概况

章前导言

羽毛球运动是目前世界上最受欢迎的球类运动项目之一。然而关于羽毛球运动的起源众说纷纭，至今还没有一个确切的说法。最原始的羽毛球运动可追溯到很多世纪以前流行于民间的毽子球游戏。作为文明古国，我国早在几千年前就有类似羽毛球游戏的记载，但现代羽毛球运动在我国的起步较晚，然而这并没有影响到我国羽毛球运动水平的提高。近百年来，随着现代羽毛球运动的发展，这项一度仅限于在欧美地区开展的体育运动在全球范围内开始普及。本章节将简单介绍羽毛球运动的起源及其在我国和其他世界各地的发展历程。

学习目标

1. 了解世界各地羽毛球运动的发展概况。
2. 了解我国羽毛球运动的发展简史。

关键词

羽毛球　起源　中国　世界　发展

第一节　羽毛球运动的起源

羽毛球运动的确切起源至今仍是众说纷纭，但羽毛球运动是由古代的毽子球游戏逐渐演变而来的观点是人们都认可的。古代类似羽毛球的毽子球游戏在我国和其他亚洲、欧洲的国家都有记载。在英国不列颠图书馆就有两人手握板状拍，对击类似羽毛球的雕版的原始稿，大约是在 1390 年。国际羽毛球联合会在成立 50 周年的纪念册上，是这样写的："羽毛球运动早在 1934 年前就有着悠久的历史，很多世纪以前，在荷兰和中国就有使用球拍的类似当今羽毛球的体育游戏。"

1860 年在英格兰格拉斯哥郡的倍明顿（Badminton）庄园举行的一次宴会活动中，由于下雨，客人们只能待在室内。这时有几个从印度回来的退役军官，向大家介绍了在印度普那流行的一种隔网用拍来回击打毽球的游戏。在宴会上，他们使用改良过的球拍，并利用香槟酒的软木瓶塞插上鹅的羽毛当球，隔着宴会桌对击。此项游戏引起了人们极大的兴趣，从此在英国广为流传。因此，人们以倍明顿的地名作为此项运动的名称。今天在英国倍明顿还设有羽毛球陈列馆，记载着最早的羽毛球场地，场地的形状像古代的计时器沙漏，即两端的场地宽，中间网处窄小。其中还展示着羽毛球运动初期的羽毛球拍和羽毛球，它们和现在的式样很接近。1893 年英国创立了羽毛球协会。1899 年举行了第 1 届全英羽毛球锦标赛。此后，羽毛球运动从欧洲传到美洲、大洋洲、亚洲和非洲。在 1998 年国际羽联印制的台历上，刊登了美国 1878 年印制的纽约市羽毛球俱乐部章程，为此，美国提出他们成立的羽毛球俱乐部是世界上最早的。

1903 年，在柏林举行了世界上最早的羽毛球国际比赛，是由爱尔兰对英格兰。而印度作为现代羽毛球运动的发源地也从 20 世纪 80 年代起，开始举办一年一度的"普那羽毛球国际公开赛"，以示羽毛球运动源于印度，在印度有着悠久的历史。

第二节　羽毛球运动的发展

一、世界各地羽毛球运动简介

现代羽毛球运动发展至今，已有了 100 多年历史，羽毛球运动诞生的初期仅局限在欧美，主要是北欧的少数国家。国际羽联的会员国到 1948 年也只有 16 个，而自 20 世纪 40 年代，具体地说是开始举办"汤姆斯"杯赛后，羽毛球运动开始进入快速发展时期，会员国以每10年翻一番的速度递增。欧洲与亚洲在羽毛球比赛中的竞争，更是贯穿其间，总体的形势，可以说是欧亚对抗，亚洲领先。欧洲从未问鼎“汤姆斯”杯、“尤伯”杯和“苏迪曼”杯，自1977年开始至1999年的世界羽毛球单项锦标赛的冠军统计，在总共11届、5个单项项目中，亚洲共获得46项次的冠军，而欧洲只获得9项次冠军。自1983年起举行的多次世界大奖赛中，亚洲共获得62项次的冠军，欧洲只获得9项次冠军。

（一）从欧洲走向世界

在1977年开始举办世界羽毛球锦标赛前，1899年开始举办的全英羽毛球锦标赛是历史最悠久的羽毛球比赛，此项比赛的冠军被公认为世界羽毛球冠军。在最初的数十年里，英国和丹麦相继垄断羽坛所有比赛项目冠军，自1949年起冠军的名单中出现了美国运动员的名字。20世纪40年代末，马来西亚的羽毛球选手作为非欧美羽毛球运动员率先打破了欧美垄断的局面。从此，羽毛球运动的天平开始向亚洲倾斜。

（二）亚洲羽毛球运动的先驱——马来西亚

马来西亚西，1937年加入国际羽毛球联合会。1964年起更名为马来西亚，是最早加入国际羽联的亚洲国家，在国际羽毛球运动的历史上占有重要的地位，是亚洲最早取得全英羽毛球锦标赛男子单打冠军和“汤姆斯”杯冠军的国家，并且长盛不衰，始终在国际羽坛上发挥重要作用。

20世纪50年代，马来西亚的著名羽毛球运动员黄柄顺以他全面精湛的技术，尤其是有力的反手上手击球、稳健准确的高远球结合吊球配合大力扣杀球，所向披靡，名噪一时，成为国际羽坛那个时代的代表人物。同时代的另一名马来西亚选手庄以民与黄柄顺一起从1950年至1957年为马来亚交替霸占了全英羽毛球锦标赛男子单打冠车长达8年之久。20世纪80年代起，马来西亚的西德克兄弟崛起。大哥——米士本是杰出的单打选手，由于他为马来西亚羽毛球运动所作出的贡献，在他退役时，被国家授予“爵士”头衔。他的弟弟贾拉尼（Jalani Sidek）和拉昔夫（Razif Sidek）是一对世界级的双打组合，他俩与中国的李永波/田秉义、韩国的朴柱奉/金文秀、印尼的洪忠中（Eddy Hartono）/郭宏源（Rudy Gunawan）四对双打组合被称为20世纪80年代到90年代初的世界男子双打“四大天王”。拉昔夫与贾拉尼兄弟在1992年巴塞罗那奥运会的羽毛球男子双打比赛中夺得铜牌，为马来西亚在奥运会上实现了奖牌数“零”的突破。西德克兄弟中的老五拉西德（Razif Sidek）最后出山，体现了他们家族的羽毛球天赋，拉西德凭借他娴熟的技巧和良好的心理素质，在国际羽毛球赛场上转战十余年，始终是一名极具威胁的男子单打选手，曾获1992年世界羽毛球大奖赛总决赛的男子单打冠军和1996年亚特兰大奥林匹克运动会羽毛球男子单打的铜牌。

马来西亚的运动员在世界羽毛球男子团体赛——“汤姆斯”杯赛中，战绩显赫，曾获得第1、2、3届“汤姆斯”杯冠军，后又获第7届和第17届冠军。

第1届决赛中马来亚以8比1击败丹麦夺冠；第2届决赛马来西亚以7比2击败美国夺冠；第3届决赛马来亚再次以8比1击败丹麦夺冠；第4届1958年以3比6惜败于印度尼西亚，屈居亚军。第7届1967年马来西亚在半决赛时以7比2击败丹麦，决赛以6比3击败印度尼西亚再次夺冠。在1992年的第17届比赛中，马来西亚男子羽毛球队本土作战，在半决赛和决赛中先后都以3比2的相同比分艰难地击败强大的对手中国队和印度尼西亚队，再次捧得“汤姆斯”杯。

（三）羽毛球王国——印度尼西亚

印尼地处热带，常年气候温热，通常每天早晚室外无风，高耸的椰树林更是进行羽毛球运动的天然挡风屏障，使适宜在室内进行的羽毛球运动在印尼这一千岛之国得天独厚的自然环境中，得以蓬勃发展。亚洲民族天生机智聪明，身材灵巧，动作敏捷，适合从事羽毛球运动。所以，印尼的羽毛球运动水平提高很迅速，在印尼的羽毛球选手中华裔占了相当大的比例，他们为印尼羽毛球运动的发展与提高做出了很大贡献。1953年印尼加入国际羽联，1957年印尼首次参加了第4届“汤姆斯”杯赛，以其快速灵活的进攻和敏捷的防守反击，一改过去欧洲的讲究力量、技巧和球的落点的慢速传统打法，给世界羽坛的技、战术的风格吹来一阵清新的改革之风。印尼羽球选手在比赛中崭露头角，在所参加的澳大利亚预赛区，以两个9比0大胜新西兰和澳大利亚后闯入次年的决赛。在1958年的决赛阶段，以6比3击败丹麦、8比1轻取泰国，决赛时以6比3终止了马来西亚连获1、2、3届“汤姆斯”杯冠军的势头，取而代之，并从此一发不可收拾，到2008年为止所举行过的25届比赛中，共获得了13次冠军。世界羽毛球男子团体冠军的头衔鼓舞着印尼人民，在当地掀起了羽毛球运动的热潮，成千上万的青少年加入到羽毛球运动的队伍，各种形式的羽毛球队和俱乐部遍及全国，人们玩羽毛球，谈论、关心羽毛球，优秀羽毛球运动员更是人们心目中崇拜的英雄。著名男子单打选手“天皇巨星”梁海量，由于他全面的技术，全攻型的先进打法，良好的球场作风，赢得了世界羽毛球界的尊敬。梁海量比赛成绩斐然，自1968年起至1976年期间，共8次夺得全英羽毛球锦标赛男子单打冠军，在国际比赛中几乎无败绩。继梁海量后印尼的又一位世界著名男子单打好手林水镜以凌厉的杀球上网，风靡世界羽坛，由于相貌英俊还被邀请成为电影明星。羽毛球运动在印尼成了国球，在此后的数十年里，印尼的优秀羽毛球运动员人才辈出，虽然受到以中国为首的世界各羽毛球强国的挑战，也几经沉浮，但始终被认为是世界羽毛球王国。继男子羽毛球队称雄世界羽坛后，印尼的女子羽毛球运动也随后崛起。1974 年，在“尤伯”杯的冠亚军决赛时，把连获第 4、5、6 三届“尤伯”杯桂冠的日本女队从冠军宝座上拉下，1994 年和 1996 年又再次两度夺得“尤伯”杯冠军。目前，也只有印尼女队能与整体实力强大的中国女队在羽毛球女子团体赛中相抗衡。

知识链接 3-1

1992 年，第 25 届奥运会羽毛球比赛，印尼羽毛球选手表现甚佳，男女单打冠军被魏仁芳（Allan Budi Kusuma）、王莲香（Susi Susanti）所获，由于当时他们已经订婚，这一对“金童玉女”双双获得奥运会的金牌，一时被传为美谈。1996 年里奇（Ricky Subagja）和莱克西（Rexy Mainaky）又为印尼在奥运会的男子羽毛球双打项目添上金牌。2000 年悉尼第 27 届奥运会，印尼男子双打选手为印尼的羽毛球运动在奥运会上令人信服地保住了最后的一块金牌。

印尼的羽毛球选手至今总共获得 6 枚奥运会的金牌、13 次“汤姆斯”杯冠军、3 次“尤伯”杯冠军、1 次“苏迪曼”杯冠军和数十次的世界羽毛球单项冠军，为印度尼西亚赢得了巨大的荣誉。

（四）羽毛球双打奇才朴柱奉的摇篮——韩国

韩国的羽毛球运动，是自 20 世纪 80 年代中期，冒出了世界级羽毛球双打奇才朴柱奉后，才引起世界羽坛的瞩目。朴柱奉与金文秀联手在取得 1992 年巴塞罗那奥运会的男子双打金牌之前，曾获得 1985 年、1991 年两次世界羽毛球锦标赛的男子双打冠军。朴柱奉还获得 1985 年、1989 年、1991 年共 3 次世界羽毛球锦标赛的混合双打冠军，其中 1989 年和 1991 年都是与郑明熙合作。如果说是朴柱奉带领了韩国的羽毛球队闯入了世界羽毛球顶尖水平一点也不过分。因为，从此韩国的羽毛球运动便在世界羽坛确立了重要的地位，韩国羽毛球的双打在世界羽坛自成体系。全场两名同伴的密切配合，连续的立体型凶狠凌厉的进攻和快速的防守反击，在快速来回对击的同时，站位逐步向网前紧逼，有一股使对手感到喘不过气般的压力。韩国的双打优势把韩国羽毛球队两次送上了世界混合团体赛——“苏迪曼”杯赛的冠军宝座。在 1992 年巴塞罗那奥运会上，韩国包揽了男女双打项目的两枚金牌，而 1996 年亚特兰大奥运会上朴柱奉的后继者——极具双打天赋的金东文与吉永雅合作，获得了混合双打的金牌，朴柱奉也带领新秀罗景民荣获混合双打的银牌。此后，朴柱奉退役改任教练，先后被英国和马来西亚聘为国家队教练。韩国的羽毛球单打项目也有一定的实力，1996 年方铢贤就如一匹黑马取得了亚特兰大奥运会的女子单打金牌，但总体来说，韩国的羽毛球男女单打项目还未稳定达到世界一流水平。

（五）欧洲羽毛球运动的佼佼者——丹麦

丹麦是国际羽联创始国之一，羽毛球运动在丹麦非常普及，其羽毛球运动的竞技水平始终是欧洲各国之首，羽毛球的优秀运动员也不断地涌现，如 20 世纪 60 年代的男子选手考普斯（Erland Kops）、70 年代的女子选手科彭（Finn Kobbero）、90 年代初的著名男子单打选手莫顿·弗罗斯特（Morten Frost Hansen），以及当今走红的彼特·盖德（Peter Gade）、彼特·拉斯姆森（Peter Lasmussen）等。应当引起注意的是，欧洲，特别是丹麦的单打和双打项目始终保持着强大的实力，在历届世界羽毛球锦标赛上共获得 7 次冠军。其中值得一提的是，90 年代丹麦优秀双打选手伦德·托马斯（Thomas lund）在 1993 年和 1995 年两次获得世界羽毛球锦标赛混合双打冠军，而在 1990—1994 年的世界羽毛球大奖赛总决赛上更是表现出色，一连 5 届与 3 名不同的搭档获得混合双打的桂冠。在已举行过的 25 届世界男子团体赛——“汤姆斯”杯赛中，欧洲各国只有丹麦 8 次闯入最后的冠亚军决赛，虽然无缘冠军，但也足以显示丹麦在羽毛球运动上的雄厚实力。最使丹麦人引为骄傲的是 1996 年亚特兰大奥运会，拉尔森取得羽毛球男子单打的金牌，这也是欧洲羽毛球运动员在奥运会羽毛球比赛中夺得的唯一一块金牌。

（六）昔日黄花——美国

美国羽毛球选手戴维·菲林门（David freeman），1949 年的全英羽毛球锦标赛男子单打冠军获得者。他控制手法极好，且场上步法轻盈，被喻为羽毛球场上的华尔兹舞者。在 20 世纪 50 至 60 年代，美国的女子羽毛球运动员从 1956—1963 年曾连得第 1、2、3 三届“尤伯”杯的冠军，可说是风头出尽。但是自此以后，美国的羽毛球选手的水平在世界羽毛球赛场上一落千丈，直至羽毛球运动被列入奥运会的正式比赛项目后，才再次唤醒了美国羽毛球运动的爱好者，他们正在重整旗鼓，准备卷土重来。

二、系列大奖赛与职业运动员的诞生

由于世界范围内羽毛球运动的蓬勃发展和新闻媒体传播范围的扩大，在一个地方举行的羽毛球比赛可以同时被世界各地许多其他城市收看，这为广告事业带来无限商机。从 1983 年起开始举办世界羽毛球系列大奖赛，在每年年终举行大奖赛总决赛。在开始的 1983 年、1984 年和 1985 年的前三届比赛只举行男子单打和女子单打两个项目，因为效果显著，从 1986 年起增加至全部五个单项。由于各种国际体育项目的大奖赛日益频繁，国际体育专业中介机构也应运而生，国际管理集团公司（International Management Group，简称 IMG）为各体育组织和大企业之间牵线搭桥，收取佣金。同时也参与许多具体筹备工作，如电视转播、场地广告布置等。为了吸引更多的观众，取得最好的广告效益，每次大奖赛的主办者和赞助者都想方设法邀请世界羽毛球的顶尖高手参加。主办者对被邀请者提供旅行机票、宾馆食宿等。羽毛球比赛的奖金数额虽然不是很高，但是每年羽毛球大奖赛都有 20 站左右，平均每两个月有 3 次，对于具备一定水平的羽毛球选手来说，参赛和获奖机会不少。不仅于此，对于一些著名羽毛球运动员，他们还为体育用品服装公司做广告宣传，比赛时，穿印有该公司广告名的运动服，使用该公司的球拍，而体育用品公司提供给运动员的赞助费，更是一笔不小的收入。由此算来一年总计收入颇丰，维持生活不成问题，少数优秀羽毛球运动员甚至达到富裕水平。职业羽毛球运动员产生的条件日趋成熟，羽毛球运动的竞技水平快速提高，比赛的竞争也日趋激烈。

三、进军奥运会给羽毛球运动的发展带来生机

羽毛球运动被列为奥运会的正式比赛项目，对世界羽毛球运动发展的影响是不可估量的。对一些国家来说，羽毛球运动是他们的强项，而其他体育项目则相对是弱项，自羽毛球项目被列为奥运会的比赛项目后，就给这些国家实现奥运会金牌或奖牌数“零”的突破或奖牌数量的增加带来了机会，比如印尼、马来西亚、韩国、丹麦等，这些国家也因此加大了对羽毛球运动投入和支持的力度。结果是印尼、韩国分享了 1992 年巴塞罗那奥运会羽毛球比赛的 4 枚金牌，获奖运动员得到丰厚的奖励。而马来西亚的西德克兄弟获得的男子双打铜牌，所获奖励的含金量也不低于其他国家奖给金牌获得者的奖金数。丹麦也取得 1996 年亚特兰大羽毛球男子单打金牌。从另一方面看，一些体育强国，但羽毛球运动发展较弱的国家，也开始重视羽毛球运动，加大了对羽毛球运动的投入。如美国、俄罗斯和东欧等一些国家，这些国家的羽毛球运动员开始频繁地出现在世界各地的羽毛球赛场上，这在以往是不多见的。国际羽联的会员国从 1988 年（汉城奥运会羽毛球作为表演项目）的 65 个猛增到 2000 年的 140 个，这与羽毛球运动被列为奥运会的比赛项目有密切关系。

第三节　我国羽毛球运动的发展

一、我国古代羽毛球运动的发展

世界上许多国家和地区很早就有类似羽毛球运动的游戏。不过，由于国家、地区和民族的不同，对这种游戏的名称叫法也各不相同，但其形式和性质则大体是一致的，中国古代也有这样的游戏活动。

中国是一个有着悠久历史的国家，各民族人民在长期的历史发展过程中创造了丰富多彩的民族传统体育，绚丽多彩的民族传统体育是中华民族宝贵文化遗产的一部分。它的产生与人们的生产劳动和民族的生活习惯有着紧密的联系。几千年前，在中国古代，就有了类似羽毛球游戏的活动。

据《民族体育集锦》记载：相传，中国在远古时期就有类似羽毛球游戏活动的存在，其玩法、性质以及所用的一些器材同世界上较早有这项游戏活动的国家相比较没有太大的差异，只是对这种游戏活动的称法上不同而已。这种活动主要分布在我国的西南地区（云南、贵州、广西等地），至少在7个少数民族中有玩过这项游戏活动。在《中国少数民族传统体育》一书中也证实了这项游戏活动存在的事实，它们是苗族、基诺族、壮族、仡佬族、哈尼族、瑶族、苦聪族等。由于我国少数民族人民受历史、社会以及文化等的影响，很多活动难以找到文字记载，所以我们难以准确地考证出这项游戏活动起源于我国的时间。

据记载，原始的羽毛球游戏活动至少在2000年前的中国、日本、印度、泰国等国就流行了。中国古代的羽毛球游戏活动，以其独特的形式存在于我国少数民族中间，它的产生同当时社会生产活动有着紧密的联系，这种游戏活动的内容和形式大致能直接或间接地反映出当时人们的社会生产劳动、现实生活习惯以及娱乐活动。

据《民族体育集锦》载：苗族的一种“打手毽”游戏活动就是我国古代羽毛球游戏活动中的一种形式，苗语叫麻古。相传，远古时代，苗族的祖先在农历正月期间总要杀鸡宰牛，祭祀祖先，辞旧迎新。他们把一些五颜六色的鸡毛做成花毽，小伙子则将绚丽的野雉尾羽插在芦笙管上。他们成群结队到野外吹芦笙、跳月、打花毽，尽情地欢度新年，天长日久，相传至今。这种游戏活动各村寨均有约定俗成的活动场地，称作“毽塘”。有的一寨一塘，有的数寨一塘。塘上，姑娘首先向小伙子抛出手毽，随后小伙子则用手或小木板将花毽击打回姑娘一方，一来一往，尽量不使花毽尽早落地。对打时还边打边答话，或者对歌。

现今贵州都匀、三都、丹寨一带的男女青年每年春节期间都要进行传统的打毽活动。从农历正月初二至十五，身着盛装的苗族姑娘和小伙子，手拿花毽，三五成群，聚集在毽塘上对抛对打，十分有趣。

基诺族也是我国古代较早就有这项游戏活动的民族之一。据《民族体育集锦》载：在云南省西双版纳州的景洪县境内，从西向东横贯着一座连绵七十余千米的大山，基诺族人民就聚居在这里。传说基诺族的祖先是孔明南征部队的一部分，因途中贪睡而被“丢落”，这一传说反映了古代基诺族与汉族的亲密关系。古代基诺族人玩的这种游戏活动被称作“打鸡毛球”。通常在青年男女之间进行，他们所用的鸡毛球是“用一束鸡脖上美丽的羽毛插入用油布包着的木炭球托上的球”。过去基诺族没有文字，以送鸡毛、木炭来代替信件。以后演变成这种鸡毛球，形状类似毽球。基诺族在游戏时不用脚踢，而是用手拍打，其形式多种多样，有两人对打，有已婚、未婚青年互相打，有分家族打或者村头、村尾之间打。比赛场地以中线为界（在地上划出一条界线），一方打过去的球，另一方必须打回过去，若球打不过中线，则为“输球”。

壮族也是我国古代较早就有这项游戏活动的民族之一。据《民族体育集锦》载：壮族主要聚居于我国广西的南宁、百色、河池、柳州 4 个地区，以及云南的文山、广东的连山、贵州的从汇县等。人口是我国少数民族中最多的民族，有一千三百多万人。中国古代壮族玩的这种游戏活动被称为“打手毽”。这项游戏活动也是在男女青年中间进行的。他们所用的球被称为“毽子”。它是用彩色花布包上铜钱或金属片及其他物质做底托，再插上雄鸡羽毛，有的还配上一些野雉毛，色彩艳丽，非常美观。游戏时用手打或脚踢。但前者所用的毽的重量较轻，并大于踢毽，手毽只能用手拍打，不能用脚踢，一般可以两人对打，也可以几个人一起打，没有场地界线限制。

仡佬族也较早就有这项游戏活动。据《民族体育集锦》载：他们玩的这种游戏活动常称为“打毽子”。勤劳智慧的仡佬族是我国西南地区贵州省的一个少数民族，《后汉书》等有关史料载：早在西汉时期，仡佬族人，已经在夜郎（今贵州）大部分地区一带活动。他们所玩要的一种游戏活动形式，方法同苗族玩耍的“打手毽”游戏活动相近。一般是在新春佳节，老辈人、男女青年一起上阵在户外玩耍。

中国古代羽毛球游戏活动在玩法、性质、内容及形式和所用的球上同世界上较早有这项游戏活动的国家大致相同。我国少数民族在过去没有文字，所以对这项游戏活动的产生、演变以及发展情况就无法详细追述。但可以肯定，这项民族形式的游戏活动的产生与我国少数民族人民的生产劳动、社会习惯以及娱乐需要是分不开的，它是人民创造的产物，是我国的一份宝贵文化遗产。

中国古代羽毛球游戏活动至今仍保留着传统的民族特色，之所以这样，主要与我国少数民族人民文化、风俗习惯有关。因此，这种传统的游戏活动向外传播和交流的机会就不多，开展的范围也就受到一定的限制，所以至今只能保留在我国少数民族人民的传统体育活动中。值得一提的是有个别少数民族的这种传统游戏活动发生了一些变化，即现在人们所见的“板羽球”活动就是源于这种少数民族的传统游戏活动。

知识链接 3-2

板　羽　球

1939 年，中华全国体育协进会派干事魏振武、李国堂、史麟生等去贵州都匀一带视察时，看见苗族青年进行“打手毽”的游戏甚欢。这种游戏所用的毽球是在小竹管上插 3 到 5 枚鸡毛，用木板互相拍击。此情景引起了他们的兴趣。他们发现这项活动玩法简单，不需特别器材，易于推广。于是他们在离开时便带走了一付木板拍和一只毽。此后综合了羽毛球和网球的部分规则拟订出“鸡毛球”规则和比赛方法，后经中华全国体育协进会总干事董守义先生审校，发现它与现代羽毛球运动的名称“鸡毛球”（注：鸡毛球是过去我国在翻译羽毛球队时的旧称）叫法上相同易于混淆，于是便修订为现今人们所熟悉的“板羽球”。1941 年正式出版了板羽球的比赛规则和方法。由此，这项活动也就成为人民群众所喜爱的一项体育活动了。

二、近现代羽毛球运动的发展

（一）20 世纪 50 年代起步

新中国成立前，在沿海少数城市虽有羽毛球活动和小型比赛，但范围很小，水平也很低。新中国成立后，1956 年在天津举行了第 1 次全国羽毛球比赛，参加的单位有来自 11 个城市的男运动员 49 人，女运动员 29 人。以王文教、陈福寿为代表的一批华侨羽毛球好手的归国，给我国带回了当时世界上先进的羽毛球运动技术和战术，使我国的羽毛球运动水平得到了长足的进步。第 1 届全国运动会羽毛球即被列入正式比赛项目，共有 21 个省、市和自治区参加了比赛。

（二）20 世纪 60 至 70 年代世界羽坛“无冕之王”

第 1 届全运会后，汤仙虎、侯加昌、陈玉娘等一批优秀羽毛球青年选手又相继回国。我国羽毛球教练员、运动员刻苦训练，认真钻研，敢于创新，在技术打法上提倡百花齐放。击球技术在提高原有的技术之外又创新了平高球、劈吊、劈杀和搓网前球等。为适应手法的变化和提高场上的移动速度，快速灵活的新颖步法也随之出现，如并步、垫步、交叉步和蹬步等。先进的技术为先进的打法创造了条件，在手法和步法的革新基础上，初步形成了几种先进打法，使我国的羽毛球运动水平在以快为主、以攻为主的方向上迈出了一大步。在竞技能力上出现了一个划时代的飞跃。1963 年连获两届世界男子团体冠军的印尼羽毛球队来访中国，我国国家队、青年队和一些省队都在对抗赛上获胜。

1964 年印尼队在蝉联三届“汤姆斯”杯冠军后再次访问我国，又铩羽而归。1964 年在北京召开了全国第一次羽毛球训练工作会议，明确提出了我国羽毛球运动“快、狠、准、活”的技术风格和“以我为主、以快为主、以攻为主”的发展方向。1965 年中国羽毛球球队出访欧洲羽毛球王国丹麦和另一羽毛球强国瑞典，中国羽毛球运动员以其先进的技术风格、快速的打法和灵活多变的战术取得 34 场比赛全胜的辉煌战绩。当时，因为国际羽联长期错误地接受中国台湾羽毛球组织为一个国家组织，中国羽毛球队没有参加“汤姆斯”杯等世界羽毛球比赛，但是，亚洲和欧洲的世界冠军都败在中国羽毛球运动员的拍下。在此情况下，欧洲报纸舆论评论中国羽毛球队是世界羽坛的“无冕之王”。

1973 年 12 月，香港羽总举办了一次规模盛大的羽毛球国际邀请赛，印尼没来参加。为使中国羽毛球运动员有机会与世界冠军印尼队交手，泰国在 1974 年举办了曼谷国际羽毛球邀请表演赛，印尼虽派运动员参加，但梁海量没出现在赛场。而在 1974 年伊朗首都德黑兰举行的第 7 届亚运会羽毛球比赛，梁海量在获当年的全英羽毛球男子单打冠军的状态下再次回避。失去了这样几次难得的机会后，汤仙虎与侯家昌这两位耀眼的世界羽球明星，终于未能了却与梁海量切磋球技的夙愿。

知识链接 3-3

世纪之谜——“天皇巨星”与“无冕之王”谁更强

印尼羽毛球运动员梁海量从 1968—1976 年共获得 8 次全英羽毛球锦标赛男子单打冠军（在没有举办世界羽毛球锦标赛时，全英羽毛球锦标赛的冠军被视为世界羽毛球冠军）。在所参加的羽毛球比赛中几乎无败绩，被誉为世界羽毛球的“天皇巨星”。而中国的汤仙虎、侯加昌两人，因不参加全英羽毛球锦标赛，而从未与梁海量交手，但是在汤、侯成名后与所有其他外国运动员的比赛中从未输过一场，甚至于从未丢过一局。因此，世人极想看到“无冕之王”的代表人物汤仙虎、侯加昌与羽球王国的世界“天皇巨星”梁海量比赛一场，分个高低。

（三）20 世纪 80 年代独领风骚

1981 年 5 月，世界羽毛球联合会与国际羽毛球联合会宣告合并，仍沿用国际羽联的名称。1981 年 7 月，在美国圣克拉拉举行的第 1 届世界运动会羽毛球比赛的五个项目中，中国运动员一举夺得男子单打、男子双打、女子单打和女子双打共 4 枚金牌，这是我国羽毛球运动员首次在世界性羽毛球比赛中亮相。继此之后，我国于 1982 年首次参加“汤姆斯”杯赛，在 1 比 3 落后的不利局势下，经过艰苦奋战，最后以 5 比 4 反败为胜，从印尼队的手中夺得世界羽毛球男子团体冠军。在当时，“汤姆斯”杯是代表羽毛球运动最高水平的比赛。1984 年中国女子羽毛球队把世界女子羽毛球团体赛的奖杯“尤伯”杯又捧在怀中，世界羽毛球杂志评论中国女子羽毛球队参加的“尤伯”杯赛是“One horse racing”，意思是一匹马的赛跑，即没有任何队可以和中国女子羽毛球队竞争。1986 年中国的男女羽毛球队在印尼首都雅加达把“汤姆斯”杯和“尤伯”杯双双举起。次年，在中国北京举行的第 5 届世界羽毛球锦标赛的 5 个单项比赛中，中国羽毛球运动员囊括了全部冠军。至此，中国创造了一个国家同时获得并保持了世界羽毛球比赛男女团体赛和 5 个单项个人赛的全部 7 项冠军，这一国际羽坛史无前例的纪录。

（四）20 世纪 90 年代再度辉煌

正当羽毛球项目刚列为奥林匹克运动的正式比赛项目时，中国的羽毛球水平却跌落到低谷，世界大奖赛的冠军与中国运动员极少有缘，第 25 届奥运会的羽毛球比赛，中国运动员一枚金牌都未得到。中国男子羽毛球队 1992 年在汤姆斯杯半决赛时以 2 比 3 不敌马来西亚，连决赛权都未能取得，直至 1998 年连续 3 届也都未取得最后的决赛权。中国女子羽毛球队也在 1994 年和 1996 年的尤伯杯赛中两度被印尼队夺走奖杯。这种状况不是中国队放松所致，而是对羽毛球运动员职业化趋势带动其他国家羽毛球运动迅速发展的势头估计不足。在采取了一系列相应的措施后，在 20 世纪 90 年代后期，局面开始有了转机。1996 年亚特兰大奥运会女子双打葛菲/顾俊摘取了金牌，董炯也取得了男子单打银牌的好成绩。1998 年中国女子羽毛球队夺回“尤伯”杯，而在代表男女羽毛球整体实力的“苏迪曼”杯比赛中实现了 1995 年、1997 年、1999 年三连冠，2000 年中国女子羽毛球队蝉联“尤伯”杯冠军，男子队也得了亚军。只是要捧回“汤姆斯”杯，并在奥运会夺取更多的金牌，还有一段艰苦的路程。

（五）21 世纪初无人能敌

21 世纪初期，我国夺得了近 5 届“苏迪曼杯”的 4 届冠军，显示了我国羽毛球运动的国际地位。至 2009 年第 11 届，已是中国队第 7 次夺取该杯。我国的羽毛球选手至今总共获得 11 枚奥运会的金牌、7 次“汤姆斯”杯冠军、11 次“尤伯”杯冠军、7 次“苏迪曼”杯冠军和数十次的世界羽毛球单项冠军，为我国赢得了巨大的荣誉。21 世纪，我国的羽毛球整体实力之强大毋庸置疑。

我们取得成绩的同时也应看到，世界羽毛球运动的水平在突飞猛进地发展，要想在以后的比赛中取得更好的成绩，必须抓紧时间，一切从零开始，刻苦训练，再接再厉，力争在今后的羽毛球大赛上取得更辉煌的成绩，为我国羽毛球事业的发展做出更大的贡献。

思考题

1. 中国羽毛球运动发展的特点是什么？
2. 结合实际谈一谈我国羽毛球运动能够普及的原因是什么？
3. 你最喜欢的羽毛球运动员是谁？在他（她）身上可以学到什么？

第四章　羽毛球运动的基础知识

章前导言

羽毛球运动是一项集运动性和娱乐性于一身的运动项目，既可以在空旷的场地上与家人和朋友们娱乐，也可以在奥林匹克赛场上展开竞技运动。不管是作为娱乐项目还是作为运动项目，都要了解关于羽毛球运动的基本常识。本章内容从羽毛球运动的基本装备到羽毛球运动场地、场馆的基本要求都作了详细的介绍。

学习目标

1. 了解羽毛球运动的装备基本要求及其规格。
2. 能够学会选择适合自己的羽毛球运动装备。
3. 了解羽毛球运动场地和场馆的基本要求。

关键词

羽毛球运动　基本知识　运动装备　运动场地

第一节　羽毛球装备的基本要求

一、球拍

羽毛球拍由拍头、拍杆、拍柄、拍弦面以及拍杆与拍头的接头（连接喉）构成。球拍总长度不超过680毫米，宽不超过230毫米，球拍重量为95～120克（不包括拍弦）。球拍不允许有附加物和突出，除非是为了防止磨损、断裂、振动，或调整重心的附加物，或预防球拍脱手而将拍柄系在手上的绳索（或手胶），但尺寸和位置应合理。随着科学技术的发展，球拍的发展向着重量越来越轻、拍框越来越硬、拍杆弹性越来越好的方向发展（图4-1）。

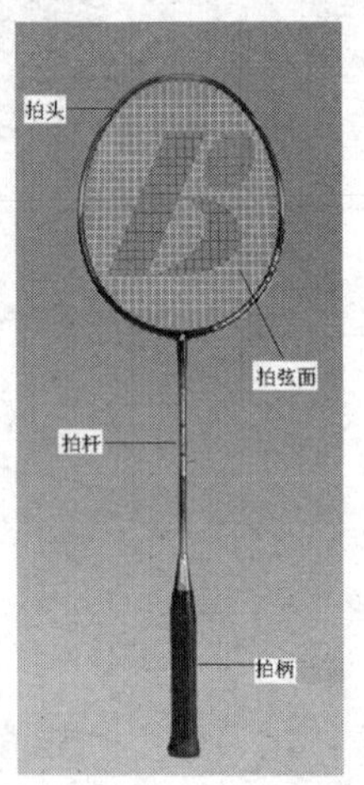

图4-1　羽毛球球拍

（一）拍弦面

拍弦面是击球者用于击球的部分，拍弦面应是平的，用拍弦穿过框架十字交叉或其他形式纺织而成。纺织的式样应保持一致，尤其是拍面中央的纺织密度不得小于其他部分。拍面的几何外形现在一般有三种：传统的卵形、头部为方形的ISO拍形、弦面更大的加大ISO形。

（二）拍柄

羽毛球拍柄是击球者握住球拍的部分，拍柄长39.5～40厘米，用Gx标注在拍柄上表示其粗细，拍柄通常有五种尺寸，G1最粗，G5最细。

（三）拍框

拍头、拍杆、连接喉和拍柄总称拍框。拍框的材料有轻金属、钢、碳素、石墨或以上材料的结合。

（四）长度

标准羽毛球拍的长度为664毫米，而加长羽毛球拍的长度一般为674毫米。加长的最主要部分为拍杆、拍柄，有一些型号的拍框也有些许加长。加长羽毛球拍的优点是提高了击球点、加大了拍杆的闪动性，能击出落地角度更大的杀球并加快了球的速度，在一定程度上增加了攻击性，扩大了接球的区域。但加长的羽毛球拍会比普通羽毛球拍更容易造成手腕和手臂的受伤，同时羽毛球拍的灵活性也有所下降，不利于处理贴身球。

（五）重量

球拍重量为95～120克（不计拍弦重量），每一支球拍都应该标出它的重量，通常用 xU 表示。一支全碳羽毛球拍的重量约为 2U（90～94 克）、3U（85～89 克）或 4U（80～84 克），而铝框羽毛球拍的重量一般在 U（95～99 克）以上，也有少数全碳羽毛球拍的重量低至 80 克左右。较重的球拍适用于力量好，并偏重进攻的球员，较轻的球拍更适用于偏重防守的球员。

（六）硬度

对于拍框而言，拍框的硬度越大接触球时就越不易发生变形和扭动，造成球拍本身力量越大，越能把更多的力量传给羽毛球，同时传递的震动也越少，但是这样球在拍面上停留的时间越短，越不容易对球的方向进行控制。击球时，球在球拍上的停留时间只有 4‰～6‰秒，在击球前的挥拍过程中和球拍击到球时，拍杆有一个弯曲和复原的过程，在球拍尚未回到原位以前球已经飞离了拍面。在球员力量相同的情况下，拍杆越软，在击球前的挥拍过程中越容易弯曲，弯曲幅度也更大，从而带动拍头以更大的角速度移动，产生更大的击球力量。拍杆越硬则击球时能传递给球的力量就越少，但更能降低击球震动的传递。

（七）扭力

扭力是指当球拍击球时，球拍面产生扭转的幅度大小。球拍的扭力越小对球的控制性就越好。

（八）平衡点

球拍的平衡点是从球拍底部向上量，以厘米或英寸为单位计量。球拍的平衡点更靠近拍头，就叫“头重”；球拍的平衡点更靠近拍柄，就叫“头轻”。根据力学原理，重量对挥拍的感觉成正比，而平衡点对挥拍的感觉成平方正比，头重的球拍由于拍头惯性更大，打出的球更有力量，但挥拍灵活性略差，更适用于进攻。同时，也是那些力量不足的球友选择，因为头重的球拍虽然降低了你的击球速度，但是却可以使你更容易把球打到后场。头轻的球拍虽然较为灵活，但打出的球力量较小，而且球拍传递的震动也会较大，不适用于大力击球的球员，更适用于防守控制型球员以及追求速度的球员，因为这种球拍的连续挥拍的速度会快很多。随着技术的进步，很多新的球拍通过对生产过程的精确控制，不使用平衡物就可以使得同一型号成品球拍拥有相同的平衡点，这也是对优质羽毛球拍的基本要求。

（九）甜区

甜区即球拍面的最佳击球区。当击球点在甜区时能够产生足够的击球威力和控球力，震动感很小，会觉得很舒适。甜区的大小对球员是很重要的，它能使球员更容易打出高质量的球。

（十）羽毛球拍的保养与使用

球拍不用闲置时，要注意保持球拍受力均匀，最好是悬挂放置，切勿使之受挤受压，以免球拍变形。注意经常检查羽线，如有严重起毛现象或裂痕则应及时更换，不要等拍弦断了才更换，以免球拍拍框受力不均变形。新穿的拍子，特别是磅数较高的，初次使用时不要用全力打，同时不要扣杀，多打高远和劈吊，多打几次后再正常使用，这样可以使线受力均匀，延长线的使用寿命。拍子尽量使用两面，也可使线的寿命延长。冬季拍子不要放在较热的屋里或有热源的地方，避免线的热胀冷缩。如果有两支以上的拍子，尽量交替使用，避免使一支拍子短时间内重复穿线，使拍框疲劳易损。

二、球

羽毛球可由天然材料、人造材料或用它们混合制成。只要球的飞翔性能与用天然羽毛和包裹薄羊皮的软木球托制成的球的性能相似即可。

（一）一般样式

羽毛球应有 16 根羽毛固定在球托部。羽毛长 6.4 ~7.0 厘米，每一个球的羽毛从托面到羽毛尖的长度应一致。羽毛顶端围成圆形，直径为 5.8 ~ 6.8 厘米。羽毛应用线或其他适宜材料扎牢。球托直径 2.5 ~2.8 厘米，底部为圆形（图 4–2）。

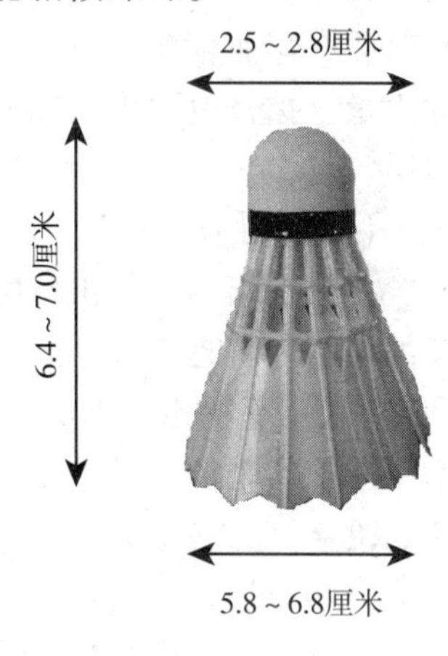

图 4–2　羽毛球

（二）重量

标准羽毛球重 4.74 ~5.50 克。

（三）非标准球

由于海拔或气候等条件不宜使用标准球时，或情况特殊，必须更改才有利于开展比赛时，只要球的一般式样、速度和飞翔性能不变，经批准可以不使用标准球。

（四）球的检验

在端线用低手向前上方全力击球，球的飞行方向应该与边线平行，符合标准的球应落在对方底线前 53 ~99 厘米的位置，否则就需要更换羽毛球，以使其达到最佳击球状态。若没有可更换的羽毛球，若速度太快可用大拇指和食指将羽毛顶端均衡地向外折叠，若球速太慢则向内折叠，或在球托里镶嵌上一枚钉子。

（五）球的保养与使用

重视球的保养，能够延长羽毛球的使用寿命。如：天然羽毛制成的球易碎，在使用前最好用蒸汽熏蒸一下。具体方法是：将球桶的两侧同时打开，将暖瓶盖取下，将球桶竖立在暖瓶上方 5 ~10 分钟即可。对于初学者和休闲者使用人造材料的球即可，所使用的球在飞行时要比较稳定，不能使用飞行旋转和摇摆的球。

三、服装

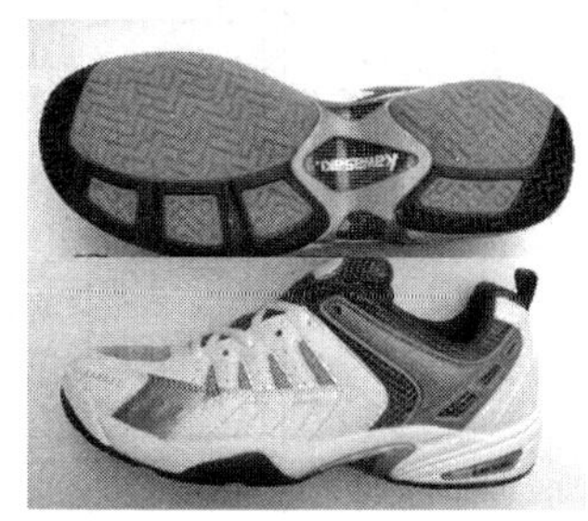
图 4-3　羽毛球鞋

在参加羽毛球运动时，不管是专业运动员还是非专业练习者，一双好的运动鞋非常关键，运动鞋应该比较轻，鞋底要防滑，最好穿专门的羽毛球鞋（图 4-3）。

运动着装一定要舒适，运动裤要有足够的活动空间，运动衫穿着要舒适并且能够吸汗，运动袜要吸汗和耐用，脚后跟处要加厚。

第二节　场地器械的基本常识

比赛场地

按国际羽毛球比赛规定，整个羽毛球场地净空高度最低为 9 米（30 英尺）。在这个高度以内，不得有任何横梁或其他障碍物。球场边界线外，最少需有 2 米（6.5 英尺）空地。任何并列的两个场地之间，最少应有 2 米的距离。球场四周的墙壁最好为深色，不能有风。

（一）球场

球场呈长方形，球场长为 1 340 厘米，单打球场宽 518 厘米，双打球场宽 610 厘米。其场区的划分应根据图 4-4 和图 4-5 中标示的尺寸，用宽 4 厘米的线画出。场地线的颜色最好是白色、黄色或其他容易辨别的颜色。

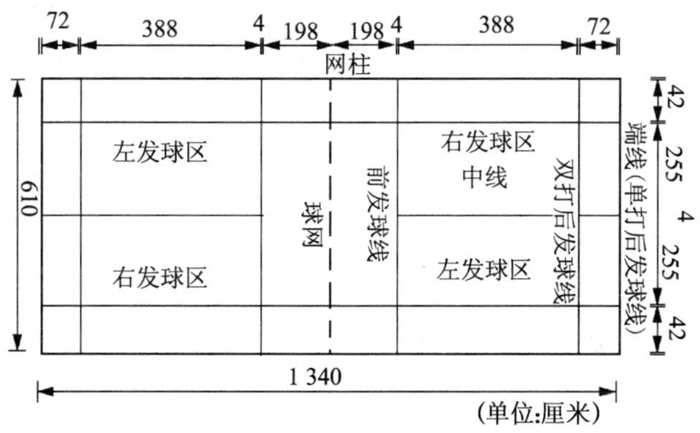

图 4-4　羽毛球双打场地

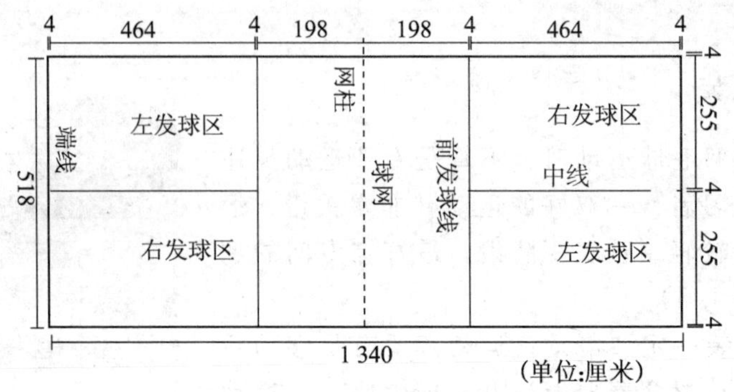

图 4-5　羽毛球单打场地

场地正常球场区的 4 个 4 厘米×4 厘米的标记（图 4-4），应画在双方单打右发球区边线内沿，距端线 53 厘米和 99 厘米处。这些标记的宽度均包括在所画的尺寸内，即距端线外沿 53 ~ 57 厘米和 95 ~ 99 厘米。另外，所有场地线都是它所确定区域的组成部分。

（二）网柱

1. 从球场地面起，网柱高 155 厘米。网柱必须稳固地同地面垂直，并使球网保持紧拉状态。网柱应放置在双打的边线。

2. 如不能设置网柱，必须采用其他办法标出边线通过网下的位置。例如，使用细柱或 4 厘米宽的条状物固定在边线上，垂直向上到网顶绳索处。

3. 在双打球场上，不论进行的是双打还是单打比赛，网柱或代表网柱的条状物，均应置于双打边线上（图 4-6）。

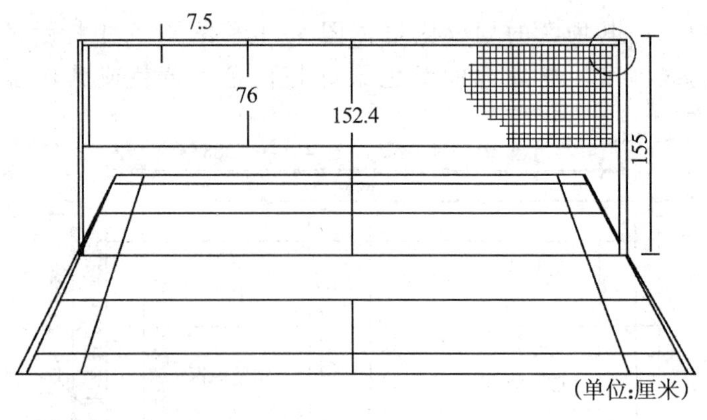

图 4-6　网柱

（三）球网

1. 球网应用深色、优质的细绳织成。网孔方形，各边长均在 15 ~ 20 毫米。

2. 网上下宽 76 厘米。

3. 网的顶端用 7.5 厘米的白布对折而成，用绳索或钢丝从夹层穿过。白布边的上沿必须紧贴绳索或钢丝。绳索或钢丝须有足够的长度和强度，能牢固地拉紧并与网柱顶部取平。

4. 球场中央网高 152.4 厘米，双打边线处网高 155 厘米。

5. 球网的两端必须与网柱系紧，它们之间不应有缺缝。

(四) 比赛场馆的要求

一般的比赛场馆不少于 15 米×7.1 米，总面积不少于 106.5 平方米。一般的场馆为 17.4 米×10.1 米，其中包含了 1.5 ~2 米的缓冲区。理想的羽毛球比赛球场馆应是上空 12 米以内，球场四周 2 米以内，无任何障碍物（包括相邻的两个球场）。如由于客观条件的限制达不到这些要求时，可由主办单位与各代表队协商，对上述要求作必要修改并作补充规定，但应该尽可能符合球场的各项规定要求。场馆内若有各种不同场地的线干扰，应用与地板相似的颜色，将那些会干扰羽毛球场的界线涂掉。

场地最好用弹性的木材拼接而成（只要不是把小木块竖着拼接即可）。不论是采用木板地面还是合成材料地面，都必须保证运动员在比赛中不感到太滑或太粘，并有一定的弹性。目前在国际比赛中常常在地板上再铺放一层化学合成材料，构成塑胶活动场地。当然，在基层的各级比赛中，当达不到上述条件的要求时，也可以在水泥地或三合土的地面上竞赛。

羽毛球比赛要求在四周比较暗黑的环境中进行，球场上空的灯光则是关系到比赛能否顺利进行的必不可少的重要因素，因为适宜的灯光能使运动员对比赛充满信心。另外，当运动员朝着墙壁或天花板方向注视来球的时候，任何反光面都会妨碍运动员的击球。为避免自然光线的干扰，体育馆内应挂上窗帘。在专门的羽毛球馆内，墙壁和天花板应是暗色的。关于灯光的设置和布局有两种方法：一种是白炽灯泡，安装在每一球场两侧网柱的上空（无须安装反射装置），灯光照度总计要在 400 至 500 勒克斯之间；另一种是荧光灯，要求挂在与球场边线平行并且长度一样的地方。在基层比赛中，只要没有风的干扰，在户外或在馆内利用自然光线比赛也是可以的。

思考题

1. 羽毛球拍主要包括哪几部分？
2. 羽毛球的构造如何？
3. 羽毛球服装有何要求？
4. 比赛场地的尺寸要求是什么？

第五章　羽毛球运动的基本技术

章前导言

羽毛球运动的基本技术是该项运动的核心。一般说来，羽毛球运动的基本技术可分为两大类：一是手法，二是步法。基本手法又分为握拍、发球、接发球和击球四个部分，基本步法又分为基本站位、前场上网步法、中场两侧移动步法和后场后退步法四种。要掌握羽毛球的高超技术，必须从基础学起，经历一个从易到难、从简到繁、从初级到高级的发展过程。为了使初学者易懂、易学、易掌握，教师在教学中易教，本章将羽毛球运动的基本技术做有侧重的选择，呈现给学生。

学习目标

1. 初步掌握羽毛球运动的基本手法和步法。
2. 了解各种手法和步法的练习方法。

关键词

手法　发球　接发球　步法

第一节 基础技术

有人曾做过这样的比喻："羽毛球的球拍是选手手臂的延伸"。正确的握拍可使球拍与手有机地融为一体，选手可用这只"延长的手"随心所欲地迎击场上不同方向、不同速度的来球，并将球击到对手场地的任意一点，达到手与球拍之间完美的结合；而错误的握拍，将会阻碍、限制其技术的发挥，甚至还会造成手臂的损伤。

一、握拍技术

羽毛球的握拍技术分为正手握拍和反手握拍，但握拍方法并不是一成不变的。在实战中为更好地控制击球的力量和球的落点，可视具体情况因时、因地细微地调整握拍，但所有这些调整都是建立在正、反手两种基本握拍方法的基础之上的。下面介绍的基本握拍法，均以右手握拍为例，左手握拍者则反之。

（一）握拍法

1. 正手握拍法

一切在身体右侧的正手正拍面击球及头顶后场击球都用正手握拍。

动作要领：先用左手握住球拍的中杆，使拍框与地面垂直。张开右手，使虎口对准拍柄斜棱上的第 2 条棱线（此时眼睛从左至右可同时看见 4 条棱线），然后用近似握手的方法握住拍柄，拇指和食指贴在拍柄两侧的宽面上，其余的三指自然握住拍柄，五指与拍柄呈斜形（图 5-1）。

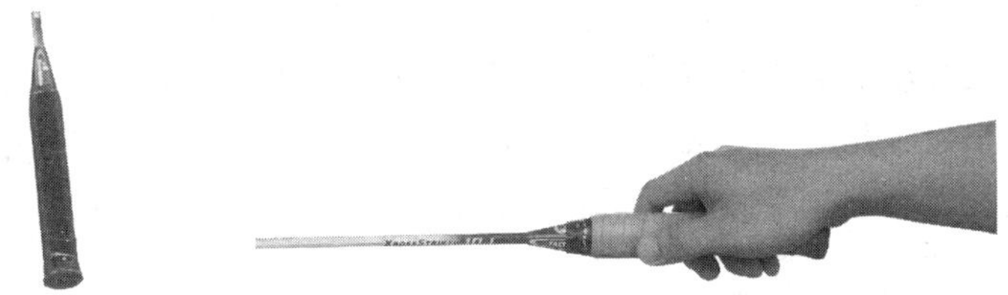

图 5-1　正手握拍法

注意事项：拍柄与掌心不要握紧，应留有空隙，便于击球发力。握拍的位置可视个人情况而定，一般情况下，以球拍柄端靠近手掌的小鱼肌为宜。握拍力度要适宜，恰似握住一个鸡蛋，重则破损，轻则滑落。

2. 反手握拍法

凡是球在身体左侧反手位置，或在身体左前下方用反拍面击球时，都用反手握拍。

动作要领：在正手握拍的基础上，将球拍柄稍向外旋，拇指稍向上提，拇指内侧顶贴在拍柄第 1 斜棱旁的宽面上，也可将大拇指放在第 1、2 斜棱之间的小窄面上，食指稍向下靠，其余三指放松。

反手握拍击球时，靠食指以后的三指紧握拍柄，同时拇指前顶发力击球（图 5–2）。

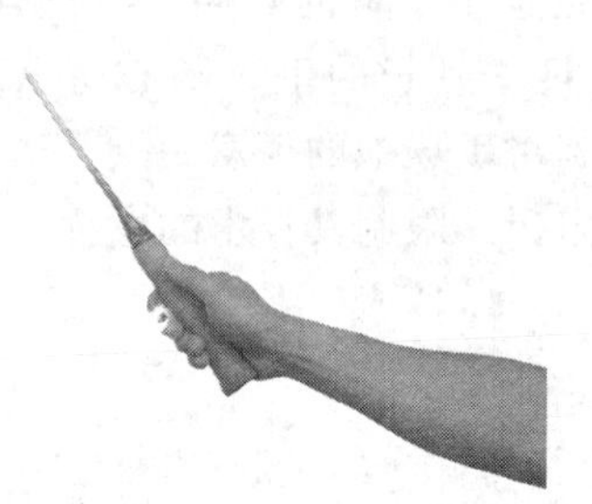
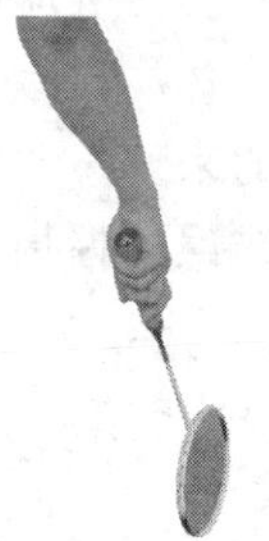

图 5–2　反手握拍法

注意：为了便于发力，掌心、拍柄与小鱼肌间要留有充分的空隙。

（二）握拍法的关键

无论是正手握拍还是反手握拍，其共同的技术要求是：一要放松，二要灵活，三要手指能最大限度地发挥力量。击球前，手部的肌肉要适当地放松，食指与中指间有一定的距离（正手握拍时更明显），掌心不要靠在拍柄上，掌心与虎口之间应留有空隙（反手握拍时更明显）。在击球时，握拍才由放松到握紧，虎口也随之夹紧，食指与中指靠拢，虎口到掌心之间的空隙也不见了。在球被击出后，又要很快地恢复成放松握拍的姿势。

上述两种握拍法是初学者应掌握的基本握拍法。场上击球方法多种多样，而不同的击球方法对握拍法也有不同的要求。因此，在做不同的击球时，需要灵活多变地根据场上形势对握拍法做一些调整，力求达到最好的效果。总之，握拍是为击球服务的，无论哪一种握拍法，最基本的要求都是有利于手腕、手指力量的发挥，有利于手腕的灵活转动，有利于灵活调节拍面朝向，以便控制出球路线和球的落点。

（三）常见的错误握拍法（图 5–3）

（1）拳握法：五指并拢死劲一把抓的握法，这种握法使手臂的肌肉僵硬，影响手指、手腕的灵活性。

（2）苍蝇拍握法：虎口对准拍面的握法，这种握法限制了屈腕动作，妨碍对拍面角度的自由控制。

（3）反手击球时，没有转换成反手的握拍法。

（4）“大拇指”型握拍。

（5）“食指”型握拍。

（6）“缩短拍柄”型握拍。

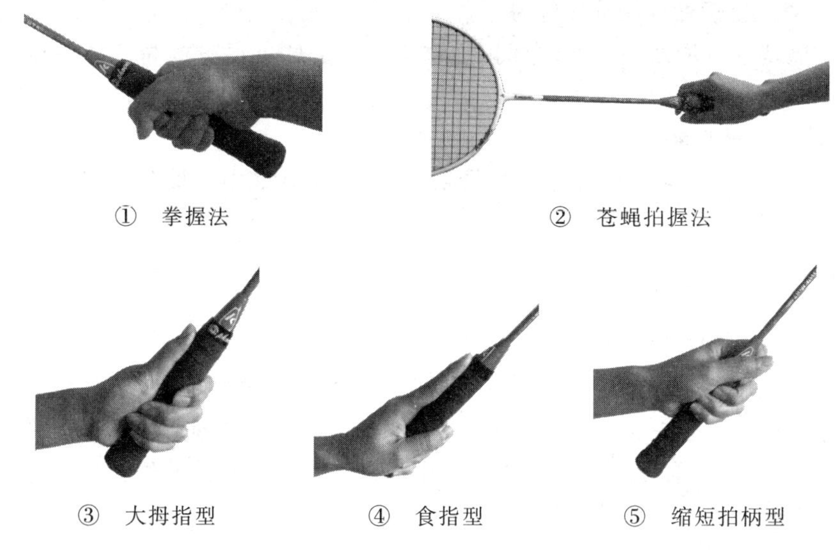

图 5-3 常见的错误握拍法

二、基本站位

基本站位是指身体处于一个能够同时向所有方向运动的准备姿势。

动作要领：踝关节、膝关节和髋关节稍微弯曲，双脚分开大约与肩同宽，平行或者稍微前后站立。身体重心均匀地分配到双脚的前脚掌上。双臂在肘关节处弯曲成大约 90°。前臂向前，上臂在体侧轻松地伸展。击球手臂的肘关节位于身体前面，以便获得动作的灵活性。拍头大约位于胸部的高度。眼睛看球（图 5-4）。

图 5-4 基本站位

三、握拍和挥拍练习方法

1. 握拍练习

两个练习者之间（有一人持拍）相互交换变换握拍动作，反复练习，体会握拍技术动作。

2. 挥拍练习

练习者之间相互合作做后场击高球正手挥拍动作，做发球挥拍动作。

3. 固定球点挥拍练习

将羽毛球固定在击球者的左肩上方，做正手挥拍练习；将击球点放在左侧上方，做侧身反手挥拍动作练习。

4. 对照镜子做挥拍动作练习

按照基本站位站好，要求挥拍动作连贯，击球点尽量放高，准备动作要放松。

5. 对墙壁击球练习

选择一块平滑墙壁，站立于墙壁前1.5~3米处，用正反握拍技术对着墙壁连续击球。

四、熟悉球性练习

1. 徒手增强球感的练习

用手托住羽毛球，向各个方向抛球，然后再判断球的方向，接住球。此练习可单人练习，两人对练，也可多人围成圆圈，做游戏性练习。游戏的具体做法是：6人或8人围成圆圈，一人站在中间抛球，球落在谁的位置上没有被接住就被罚站在中间继续抛球。

2. 持拍追逐游戏

在羽毛球半个场地内，或根据人数多少在空场地上划个圆圈，一人追逐羽毛球，其他人持拍击打羽毛球。不能使球落地，致使球落地者，被罚替换原先的追逐者，继续追逐羽毛球。

3. 持拍对墙练习

用羽毛球的各种发球和击球动作对墙练习，以熟悉球性，增强球感。刚开始击完球就让球落地，最后能够做到连续击球；也可两人合作练习，只要不让球落地即可，对致使球落地者给予一定惩罚，如做俯卧撑或跑圈等。

4. 持拍熟悉球性游戏

多人围成一个圆圈，中间先站立一人用球拍将球向上高高击起，然后喊出圆圈中一人的名字，两人马上交换位置，另一人到中间继续击球，如此交替往复下去。致使球落地者接受相应惩罚。

5. 熟悉场地的游戏

先将场地中间的隔网撤掉，或仅使用半个场地（可视人数多少和练习者的体力而定），参加者只能沿羽毛球线跑动，不能离开，若离开要接受一定惩罚。

6. 垫球练习

用羽毛球拍向上将球击起，越高越好，等球落下再将球向上击起；或只将球向上快速击起，在单位时间内击球次数越多越好。

第二节　发球和接发球技术

一、发球

发球是羽毛球运动的一项重要基本技术。在比赛中，选手可以通过不同的发球手法，发出不同弧度、不同落点的球来控制对方，为本方创造进攻得分的机会。发球技术的好坏是一场比赛胜负的关键。高质量的发球会给接发球方造成困难，迫使对方只能做防守性的回击，甚至迫使对方接发球出现失误；质量差的发球，则会给对方获得进攻机会，使自己处于被动。

发球时可视个人的习惯或战术的需要来选用正手或反手发球，同时以球的飞行弧线和落点区分，又可将其分为后场高远球、后场平高球、后场平快球和网前小球 4 种。在一般情况下，单打多采用正手发球，而在双打、混合双打中常采用反手发球。下面以右手持拍为例，分别对各种发球技术加以介绍。

（一）正手发球

发球前姿势：身体左肩侧对球网，两脚开立站在离中线约 30 厘米、离前发球线约 1 米处，双打时站位可稍靠近前发球线。左脚在前，脚尖指向发球方向，右脚在后，重心在右脚上。左手拇指、食指和中指轻夹住羽毛球中部，使球托向下，小臂微屈，自然持球于身体斜前方，与胸腹间水平位置相当。右手正手握拍自然屈肘举至身体的右后侧，呈发球前的准备姿势。此发球站位和准备姿势适用于各种正手发球动作。

根据不同的战术需要，正手发球可发出如后场高远球、后场平高球、后场平快球和网前小球等不同弧度的球，但其发球前的姿势都应该一致，这样就会给对方的接发球造成判断上的困难。下面着重介绍最常见的后场高远球和网前小球的发球技术动作。

1. 正手发后场高远球

正手发后场高远球是用正手握拍，以正拍面将球击得又高又远，球飞行到对方的端线上空后突然改变方向，呈垂直下落至端线（底线）附近的一种发球。由于球处于对方端线，可有效地调动对方并削弱其进攻的威力，同时也增大对方接下一拍球的难度。正手发后场高远球是单打中最为常用的发球技术。

同羽毛球所有的发球技术动作一样，正手发后场高远球也是由击球前准备、引拍、击球动作和跟随动作（即击球后动作）四部分组成。

引拍：持球手松开，使球自然下落，此时左手随着引拍动作收至身体左侧；同时右上臂随转体外旋，并带动前臂自下而上沿半弧形做回环引拍动作，充分伸腕，身体重心随转体和引拍动作逐渐前移。当球拍挥至身体右侧前下方、身体转至近于面对球网时，准备击球。

击球动作：最佳击球点在身体右侧前下方。在拍面与球接触的瞬间，以右臂迅速内旋带动手腕快速向前上方做回环挥拍动作、展腕屈指发力完成球拍的加速，随即用正拍面将球以最大力量击出，同时，右髋积极向前送，身体重心随转体动作逐渐由右脚移至左脚，但两脚都必须接触地面，不能离地（规则要求）。

跟随动作：身体重心完全移至左脚，持拍手随击球动作完成后的自然惯性向左上方挥动，掌心对于身体左侧（图 5-5）。

图 5-5　正手发后场高远球

动作要点：击球前右手轻握球拍，最佳击球点应在身体右侧前下方，在击球瞬间右手握紧球拍，前臂带动手腕由伸至展，充分发力将球击出。击球后手腕呈展腕状态。对于发后场高远球而言，最有利的目标区域位于对方场地底线靠近中央线的位置。

知识链接 5-1

正手发后场高远球是单打中常用的发球动作，要求把球发到对方端线附近，迫使对方后退还击，给对方进攻制造难度。发高远球虽然弧线高，飞行时间长，但由于离网距离远，球从高处垂直下落，后场进攻技术差的对手较难下压进攻。把球发到对方左、右发球区的底线外角处，能调动对方至底线边角，便于下一拍打对方对角网前，拉开对方的站位。特别是左场区的底线外角位是对方反手区，更是主要攻击的目标。但发球至右场区的底线外角时，要提防对方以直线平高球攻击自己的后场反手区。如把球发到对方接发球区底线的左、右半区的内角位，能避免对方以快速的直线攻击自己的两边。

2. 正手发网前小球

正手发网前小球是用正手握拍，以正拍面击球，使球轻轻擦网而过，落在对方前发球线附近的一种发球动作。由于它的飞行弧度低，距离短，可以有效地限制对方直接接发球反攻，或接发球后有目的地抢网或突击扣杀，是单、双打中较常见的一种发球。

准备动作、引拍动作和跟随动作与正手发后场高远球相同。

击球动作：击球时，握拍要松，前臂只是前摆不做内旋动作，靠手指控制力量，手腕收腕发力，用斜拍面往前推送击球，使球轻轻擦网而过，落入对方前发球区内（图 5-6）。

图 5-6　正手发网前小球

动作要点：击球时，要控制拍面与力量，避免球过网偏高。特别是在双打中，由于双方场上的移动范围较单打要小，对发网前小球的质量要求更高，如果球过网过高，对方则可通过扑球、推球直接接发球抢攻。

知识链接 5-2

发网前球能减少对方把球往下压的机会，发球后立即进入互相抢攻的局面。把球发到前发球线内角，球飞行的路线较短，容易封住对方攻击自己后场的角度。发球到前发球线外角位能起到调离对方中心位置的作用。特别是在右场区发前发球线外角位，能使对方反手区出现大片空档。但对方也能以直线推平球攻击发球者的后场反手。如果预先提防，可用头顶球还击。发网前球也可以发对方的追身球，造成对方被动。发网前球时最好配合发底线球才能有较好的效果。

（二）反手发球

反手发球主要是靠快速挥动前臂和伸腕完成击球动作，以拇指及其他手指的力量来控制球速和落点。与正手发球相比，它的优势在于动作小、出球快、动作一致性好、对方不易判断、采取发球变化的突袭时机更大一些。反手可以发除高远球之外的其他各种飞行弧线的球，但在比赛中一般以发网前小球和平快球为主，主要用于双打比赛中。下面主要介绍反手发网前小球的技术要领。

发球前的姿势：面向球网，站在前发球线后 10 ~ 50 厘米靠近中线位置，右脚在前，脚尖指向发球方向，左脚侧后以脚尖内侧点地。上体稍前倾，身体重心放在右脚上。左手拇指和食指轻轻捏住球的羽毛处，球托明显朝下，将球置于腹前腰部以下位置。右臂屈肘稍向上提起，右手反握拍，以反拍面将球拍自然置于腹前持球手的后面。

击球动作：左手松开的瞬间，右小臂迅速带动手腕挥动，屈指伸腕发力，发小球时，球拍由后向前横切推送，用切击的力量使球以略高于网顶的弧线飞行，通过拍面的切削动作使球落到对方场区的前发球线附近（图 5-7）。

图 5-7　反手发网前小球

发平快球的动作与发网前小球的动作基本上一样。发网前球主要靠“切”送，而发平快球时，发力要突然，击球时拍面有“反压”的动作，要尽量将球发到刚刚高于对手（右手持拍）左肩的位置，迫使对手用反手接发球。

知识链接 5-3

发球方式的选择

发球方式有两种：即正手发球和反手发球。前者用于发长球，后者用于发短球。当然，选择哪一种发球，没有硬性规定。不过由于正手发球具有动作稳定、准确的特点，所以多数人喜欢发长球。而在双打比赛中，使用反手发球可以使同伴更清楚地看到本方的发球和对手的回球路线，便于更有效的进攻。无论是正手发球还是反手发球，都必须牢记要珍惜发球权，有效地利用发球权。至于选择发长球还是发短球，发球者可以根据以下具体情况做出决定：

（1）将对方的球技、身高、性格同自己加以比较。

（2）根据比赛的进展情况，判断形势对自己是否有利，以及比分差距等。

（3）是否想改变比赛的节奏。

（4）是否想改变战术。

（三）发球常见的错误及针对练习方法

在初学羽毛球发球时，容易犯以下的错误，同学们在学习和练习的过程中要多加注意并加以改正。

1. 发球易犯错误

（1）正手发后场高远球时，击球点在右肩下方，以肘为轴，前臂提拉屈腕发力击球。

（2）掌握不好球与拍之间的时空关系，不能在最佳位置击球，挥拍动作僵硬，影响发球效果。

（3）在发网前球时，手腕上挑过高，没有切送动作，球过网太高，易被对方扑杀。

（4）在击球过程中，身体重心没有随身体的转动而变化，动作不协调，影响击球发力。

（5）在发球过程中双脚出现任何形式的脚步移动。

2. 发球练习方法

（1）先徒手反复练习挥拍，要依照先分解后连贯、从简单到复杂的顺序，按照技术动作的要领做挥拍练习，直至熟练。在挥拍过程中体会、掌握每一种发球的技术要点和技巧。

（2）持拍面对墙壁做发高远球练习，与墙的间隔距离 3 ~ 4 米，要求将球发到墙的高度同样是 3 ~ 4 米；练习发网前小球时，既要照顾到击球的准确性，同时还要兼顾到击球动作的正确性。

（3）练习发网前球时，可以在高于球网 30 厘米的上方拉一条绳，按照网前球的发球方式，使球穿过球网和绳之间落在对方前发球线附近。

（4）用绳拴住球，选择适当的高度将球固定吊好，反复做发球挥拍击球动作练习，体会球与拍之间的距离感及前臂内旋带动手腕由伸腕到展腕的发力过程。

（5）发定点球练习。发球者在固定位置将多个球发送到规定的位置。要求发球者瞄准某一落点区域连续发球，在保证命中率的基础上提高准确性。

（6）发多球练习。两人分别相对站在两边场地，准备一筐羽毛球，按照发球要求，相对练习发球，可先持续发 5 ~ 10 分钟后场正手高远球，再发 5 ~ 10 分钟小球。

二、接发球

接发球是一项被动的技术，受发球方的牵制，因此只有做好了充分准备才能接好来球，如果判断准确，启动快、还击及时，就能在对方发球质量稍差时，杀、扑得手或取得主动，从而达到后发制人的目的。接发球的移动步法和击球动作将在之后的第三节和第四节中详细介绍，首先来了解接发球的站位及准备姿势。

（一）接发球的站位

一般来讲，单打的接发球方站在场地中间向后一步的位置，这样既可以及时地接打网前球，又可以迅速回到底线以回击对方发的高远球。如，在右发球区要站在靠中线的位置，在左发球区则站在中间稍偏边线位置，主要防备对方发球攻击反手部位。在双打接发球时，站位可靠近前发球线，双打的接发球区比单打短0.76米，发高远球易被扣杀，所以，双打接发球应把主要精力放在对付对方发网前球上。

（二）接发球的准备姿势

单打接发球时，应稍侧身对网，收腹含胸，双膝微屈，两脚自然开立，左脚在前，右脚在后，双脚后跟稍稍提起，举拍于右身前高于肩部，约与球网齐高，拍头稍抬，两眼注视前方，集中精力，保持警惕（图5-8①）。

双打接发球准备姿势同单打基本一样，由于主要集中精力应对网前来球，可以正对球网站立，重心较单打接发球稍低，握拍高举过头顶，争取高的击球点，以扑球和推球技术为主（图5-8②）。

① ②

图5-8 接发球准备姿势

知识链接5-4 

接发球虽然处于被动、等待的状态，但由于发球受到规则诸多的限制，使发球不能给接发球者带来太大的威胁。发球者发球只能发到对角线的接发球区内，而接发球者只需防守不到半个区域，却可还击到对方整个场区。所以，接发球者若能处理好这一拍，也可取得主动。

第三节 基本步法

在羽毛球运动中，为了跑到适当位置击球而采取的积极合理、快速准确的移动方法，称为步法。步法的特点突出地表现在下面两个方面：

第一是“快”。无论是向前场、中场或后场移动的步法都应突出两快，即起动快和回动快。但是这里所强调的快并不是盲目的快，而是应该遵循一定规律的快，其中最关键的一点是步法起动、回动的速度和节奏要与手上击球速度的快慢相配合。无论在任何位置击球后，都应迅速向中心位置回位，而回位速度的快慢应由自己击球速度的快慢来决定。

第二是“活”。在实战中，只要场上没有出现“死球”，都应随时保持身体处于活动中，即时刻保持双脚前脚掌触地，后脚跟提起，身体重心在两脚间来回移动，始终做好起动接球的准备。另外，各种步法之间的衔接要根据自己的实际情况，视对方来球的不同方向和距离，合理、准确、灵活地运用不同步法击球。只有处理好各个动作之间的节奏，减少多余动作，避免过多地消耗体力，才能真正地体现出羽毛球步法快速、灵活的特点。

羽毛球步法大致分为三大类：一是上网步法；二是后场步法；三是中场步法。在实践中常运用跨步、垫步、蹬步、并步、交叉步、腾跳步等综合步法。

一、上网步法

上网步法是指从场地中心位置向网前移动的步法。上网步法可以分成正手上网步法、反手上网步法和蹬跳上网扑球步法 3 种。不论用哪种步法上网，其上网前的站位及准备姿势都一样。站位应取场地中心位置（骑跨在中线上），两脚左右开立（稍前后），约同肩宽，重心在两脚前掌，后脚跟稍提起并左右微动；上体稍前倾，右手持拍于体前，两眼注视对方的来球。

（一）右侧垫步或交叉步上网

垫步或交叉步上网步法也被称为三步上网步法。判断准对方来球后（正手握拍），右脚先迈出一小步，左脚立即向右脚垫一小步（或从右脚后交叉迈出一小步），左脚着地后，脚内侧用力蹬地，右脚再向网前跨一大步成弓箭步，身体重心落在前脚（图 5-9）。击球后，前脚朝后蹬地，用小步、交叉步或并步退回中心位置。反之，左侧垫步或交叉步上网（反手握拍），动作方法同右侧垫步、交叉步上网，方向相反（图 5-10）。

图 5-9　右侧垫步或交叉步上网

图 5-10　左侧垫步或交叉步上网

（二）右侧跨步上网

跨步上网步法也被称为两步上网步法。在判断准对方来球后（正手握拍），迅速将重心移到右脚，左脚掌内侧用力蹬地向来球方向迈出一步，当左脚着地时，右脚加速地向前跨出，以从脚跟到掌外侧的顺序着地，再过渡到脚掌，上体稍前倾，右膝关节变曲并成弓箭步。前腿用力缓冲，控制住身体，保持正确的击球姿势（图 5-11）。击球后，迅速回到中心位置，以做好下一步击球准备。反之，左侧跨步上网（反手握拍），动作方法同右侧跨步上网，方向相反（图 5-12）。

图 5-11　右侧跨步上网

图 5-12　左侧跨步上网

（三）蹬步上网

蹬步上网步法也称为一步上网步法。蹬步多用于离网较近，击球员争取网前击球时采用。当判断来球是网前球时，两脚轻跳将重心移至左脚，同时左脚用力蹬地，右脚向球的方向跨出一大步，使身体迅速向来球方向移动（图5-13）。击球后，右脚先着地，左脚紧跟着着地，并迅速制动，返回球场中心位置（也可根据场上情况调整身体的位置），准备下一次击球。

图5-13　蹬步上网步法

（四）并步上网

右脚向前（或向后）移动一步后，左脚向右脚跟并一步，紧接着右脚再向前（或向后）移动一步。

上网步法有很多种，且移动都遵循基本的规律，即让身体处于最有利的击球位置。如跨步或者蹬步，最后都一定要形成右脚在前的姿势，以便于右手持拍在前最大限度地击球，扩大击球范围。当用正手击球时，右脚最好用脚掌外侧着地，便于身体右转，并使引拍击球；当用反手击球时，最好右脚内侧着地，以便于身体左转，并使引拍击球时能发挥出身体的协调用力。

二、中场两侧移动步法

从中心位置向左右两侧移动到击球点上击球的步法，称为两侧移动步法。两侧移动步法多用于接对方的扣杀和打来的半场低平球。其移动前的准备姿势及站位基本同上网步法。

（一）向右侧蹬跨步移步法

当来球距身体较近时多采用此步法。以左脚前脚掌为轴，左脚掌内侧用力起蹬（同时向右转），右脚向右跨出一大步，此时重心落在右脚上，脚尖偏向右侧，以脚趾制动，上体略向右侧倒（根据击球点的高低来确定侧倒的程度）做正手击球（图5-14）。击球后，以右脚前掌回蹬，回到中心位置。

图 5-14　向右侧蹬跨步移动步法

（二）向左侧移动步法

1. 正对球网移动步法

当来球较近且回至反手位时，右脚掌内侧用力起蹬，同时向左转髋，左脚向左跨出一步，重心落在左脚上，脚尖偏向左侧，以脚趾制动，上体略向左侧倒，做反手击球（图 5-15）。击球后，左脚前掌回蹬，回到中心位置。

图 5-15　正对球网移动步法

2. 背对球网跨步移动步法

此项步法技术只适用于反手击球。以左脚前掌为轴，向左转髋，同时，右脚内侧用力蹬地，经左脚前向左侧跨一大步（重心在右脚上，以前脚掌制动）成背对网姿势，上身略向前倾做反手击球（图 5-16）。击球后，以右脚回蹬，回到基本接球位即中心位置。

图 5-16　背对球网移动步法

3. 背对球网垫步步法

当回球至左侧且离身体较远时，选择垫步击球。目视来球，左脚先向左侧垫一步，此后动作同背对球网移动步法一致（图 5-17）。

图 5-17　背对球网垫步步法

三、后退步法

从中心位置移动到后场各个击球点的位置上击球的步法，统称为后退步法。后退步法是羽毛球步法中最常用的，但受人的解剖、生理结构影响，向后要比向前移动困难些。特别是向左场区底线后退，对身体的灵活性和协调性要求更高，所以被认为是难度较大的步法动作。

后退步法分为正手后退步法和反手后退步法两种。

（一）正手后退步法

正手后退步法有并步、交叉步和跨步三种，实战中可根据场上情况和个人特点灵活使用。

1. 交叉步后退步法

这种步法的特点是移动范围大，回击端线附近的球多用这种步法。

判断准来球后（以回击右发球区来球为例），先调整重心至右脚，然后右脚迅速地向右后撤一小步，同时上体右转，以左肩对网，紧接着左脚经右脚右后（回击左发球区来球是经右脚左后方），交叉后撤一步（或用并步靠近右脚），右脚再向后移至来球位置。当右脚着地时，迅速向上蹬，使击球点增高，同时左脚向身后伸出（图 5-18）。当击球完成时，左脚以前脚掌先着地，然后右脚着地，左脚着地时要缓冲、制动，连接紧凑。同时右脚迅速向中心位置迈回一步，左脚交叉迈回第二步，然后紧接一个小跳步到中心位置成基本接球姿势。

图 5-18　交叉步后退步法

2. 正手跨步退后场步法

正手低手击球时多采用此步法。在判断来球是后场球，已来不及用上手技术击球时，迅速将重心移至右脚，同时右脚用力蹬地，向右转体，右脚向来球方向跨出一步，右脚着地同时左脚迅速经右脚外侧（体前、体后均可）移动一步，然后右腿向来球方向再跨一大步，右臂向右后侧引拍，脚着地的刹那间出手击球（图 5-19）。完成击球后，身体重心移至右脚，同时右脚前掌内侧蹬地，采用并步或者交叉步返回球场中心位置成基本接球姿势。

图 5-19　正手跨步退后场步法

3. 头顶后退步法

头顶后退步法是对方来球向左后场区，用头顶击球技术还击时所采用的后退步法。头顶后退步法可用并步或交叉步移动后退。判断准来球后，以左脚前掌为轴，右脚向右后蹬转（蹬转的角度应较大）同时向左后方撤一步，上体稍有后仰，紧接着左脚用并步或交叉步后退，右脚再退至来球位置，用头顶球技术击球（图5-20）。完成击球后，采用并步或者交叉步返回球场中心位置成基本接球姿势。

图 5-20　头顶后退步法

（二）反手后退步法

反手后退时，应根据离球距离的远近来调整移动步子。如离球较近，可采用一步或两步后退步法；离球远时，则要采取三步或五步后退步法。

1. 一步或两步后退步法

当来球至后场反手位，并且离身体较近时，可采用一步后退步法，即以左脚为轴，身体上体左转，右脚向左后方跨出一步，背对球网回击球。视距离还可采用两步后退步法：一种是左脚先向左后方撤一步，其后动作与一步后退步法相同；另一种是右脚先经左脚后引一步，然后左脚向左后方跨一步，同时上体左转，右肩对网移至反手击球位置（图 5-21）。完成击球后，采用并步或者交叉步返回球场中心位置成基本接球姿势。

图 5-21　两步后退步法

2. 三步或五步后退步法

当来球距身体较远时，采用三步或五步后退步法。右脚先向左脚并一步，紧接着左脚向左后方撤一步，同时上体左转，右脚再向左后方跨一步至来球位置，背对球网，做反手击球（图 5-22）。完成击球后，采用并步或者交叉步返回球场中心位置成基本接球姿势。如三步移动还原到击球位置，则左、右脚再向后各移动一步，即成五步移动步法。

图 5-22　三步或五步后退步法

四、步法常见的错误及纠正方法

1. 移动判断错误

对来球移动判断错误，不能识别对方动作及出球线路，从而造成球的落点在前场向后场移动，从左（右）侧向右（左）侧移动或从后场向前场移动等。

纠正方法：

（1）加强步法练习。

（2）两人对打综合练习。

（3）进行比赛练习，提高对假动作及出球路线的识别判断能力。

2. 起动反慢

纠正方法：

（1）通过素质练习（如：跳绳、负重提踵、负重半蹲跳及沙池跳等）来增强踝关节、小腿、脚弓的力量和爆发力。

（2）按手势指令做起动练习。

（3）通过多球有目的地做反应起动练习。

（4）在练习过程中注意击球后回中心位置，做好下一步起动接球的准备姿势。全身自然协调。

3. 步法与击球动作配合不协调

步法与击球动作要协调配合，首先要解决击球前的判断、起动，移动的速度、距离和准确性，重心的转换等因素。

纠正方法：

（1）进一步了解步法在羽毛球运动中的重要性。

（2）按手势指令做步法练习，并强调各种步法接球的步幅和重心转换。

（3）多球练习。

（4）持拍对镜子综合练习步法，做到协调有序。

4. 击球后缺乏回中心位置的意识

纠正方法：

（1）加强速度耐力练习，增强移动能力。

（2）强调击球后回中心位置，要求每移动步法一次都回中心位置，看手势指令做。

（3）多球四角练习。

（4）综合练习各种步法，各步法间强调回中心位置且衔接有序。

五、步法移动练习方法

1. 准备姿势及起动练习方法

（1）练习者反复做准备姿势和起动动作（向右后撤步、向左后撤步、向右前方起动、向左前方起动）。

（2）两人一组。一人指挥，另一人练习。两人轮换练习。

2. 行进间步法练习方法

（1）由准备姿势开始，反复做上网、后退、防守移动步法练习。

（2）两人一组相对站立，一人指挥，另一人做各种移动步法。两人轮换练习。

（3）前场、中场 4 个点各放 1 球，做上网、防守步法。要求步法到位，将球拿过来，放回去。两人一组，轮换练习。

（4）6 米×10 米跑、急停、快退练习。间歇进行。要求起动、侧向迅速，步法移动到位。

（5）由发球者持多球向脚步练习者各场区发球，做到无规律，即练习者进行无规律重复脚步移动步法练习。

第四节　击　球　法

羽毛球运动的击球技术主要包括后场的高远球、平高球、吊球和杀球；前场的搓球、推球、勾球、扑球、挑球和放网前小球；中场的平抽快挡球和接杀球等多项技术。各项击球技术又分正手、反手和头顶（左后场区）击球。比赛中击球方可根据对方的站位、回球力量和回球落点等实际情况，在有效的区域内，依据战术的需要，运用不同的击球技术，有效地击出飞行距离长短不一、飞行弧度高低不同、飞行速度快慢不等，以及飞行路线呈现出直线、斜线、正旋、外旋等变幻莫测的球。

要运用好击球技术，首先要求握拍灵活，松紧适宜。其次，击球时出手动作要快，击球点要高，爆发力要强。另外，在击球技术中应特别重视后场高、吊、杀等动作的一致性和突变性的培养。各个击球动作在击球前（从准备动作到引拍动作）要一致，使对方在我方击球之前无法判断我方的出球意图。所谓动作的突变性是指在动作一致性的前提下，在击球的瞬间，依据当时的战术需要，通过细微而突然地调整手指、手腕的动作，击出让对方感到出乎意料的球。在击球动作一致性和突变性的基础上，还要注重培养击球落点的稳定性和准确性。只有做到击球既快又准，既突然又稳定，才能适应当今羽毛球技术发展的需要。在羽毛球运动中，每次击球，均由准备——判断对方来球的方向，同时运用步法技术向来球方向迅速起动——快速移动到位——利用手法技术完成击球动作——脚步迅速回中心位置——开始下一次击球前的准备等几个基本环节组成。下面依次讲解羽毛球运动的前场、中场和后场击球技术。

一、前场击球技术

前场击球的威胁较大，因球飞行距离较短，落地快，常使对手措手不及而直接得分，是调动对方、寻找战机的重要手段，并可直接得分。

前场击球技术包括网前的搓球、推球、勾球、扑球、挑球、放球等。其中，搓球、推球、勾球、扑球属进攻技术，其在击球前的准备姿势基本相同，要求击球瞬间产生突变。因它的技术动作轻松而细巧，运用力量要求控制适度，所以在学习前场击球技术时，握拍要活，动作要细腻，手腕、手指要灵巧，以控制好球的落点。

（一）搓球

利用手腕和手指的力量向前“切削”或向后“提拉”球托底部，使球击出后旋转或滚动过网。

准备姿势：运用正手上网步法向球移动，当右脚向前蹬跨时，持拍手向来球方向伸出，争取高的击球点。左手向后伸，以保持身体的平衡，成击球前的准备姿势。

1. 正手搓球

球拍随前臂稍外旋向右前上方斜举，握拍手的食指和拇指夹住拍柄宽面，中指、无名指和小指轻握拍柄，击球的瞬间，前臂内旋，手腕由后伸至稍内收闪动，由食指发力使球拍在手腕和手指的挥摆下用力，搓击球托的右下底部，使球旋转翻滚过网（图 5–23）。

图 5–23　正手搓球

2. 反手搓球

击球前，前臂稍往前上举，手腕前屈，手背约与网同高，拍面低于网顶，反拍迎球。搓球时，主要靠前臂的前伸外旋和手腕由内收至外展的合力，由拇指发力，使球拍快速搓击球的后底部，使球倒旋滚动过网（图 5–24）。

图 5–24　反手搓球

（二）推球

将网上来球用较平的弧线快速推到对方场区底线叫推球。当对方接球位置靠前或重心已经向网前移动时，我们利用推球可以使对方陷入被动，创造得分的机会。

1. 正手推球

击球前准备动作同搓球相似，不同之处是迎球拍面竖得较直。推球时，以肘为轴，前臂带动手腕由伸腕至展腕向前快速挥动发力击球，在击球时，食指顶拍发力。正手推直线或是对角线应以拍面击球的部位和击球角度来决定，但始终用正拍面向击球方向（图 5–25，图 5–26）。

图 5–25　正手推直线球

图 5–26　正手推斜线球

2. 反手推球

准备姿势与反手搓球基本一致。推球时，手腕快速由外展到伸直闪腕，中指、无名指、小指突然紧握拍柄，由拇指顶拍发力，快速推击球托的后部，使球沿边线方向飞行。击球后，还原到击球前的准备姿势。反手推对角击球动作基本同推直线球，区别点是在击球一刹那急速向右前方挥拍，推击球的左侧后部，使球沿对角线方向飞行（图 5–27，图 5–28）。

图 5–27　反手推直线球

图 5-28　反手推斜线球

（三）勾对角球

勾球是把左、右边的网前来球回击到对角线网前的技术动作。

1. 正手勾对角球

准备姿势同前。站在右边网前，球拍随前臂往右前斜上举。在身体前移的过程中，握拍手将拍柄稍向外捻动，使拇指贴在拍柄的宽面上，食指的第二关节贴在拍柄的背面宽面上，拍柄不触掌心。击球的瞬间以肘部一定的回拉动作带动前臂内旋往左拉收，手腕由伸腕至收腕发力拨击球托的右下侧部，使球沿网的对角线贴网飞行，并贴网下落至对方网前角处。击球时，手腕要控制拍面角度。击球后，回收动作均与正手搓网前小球相同，还原到击球前的准备姿势（图 5-29）。

图 5-29　正手勾对角球

2. 反手勾对角球

站在左网前，采用反手握拍法，准备动作与反手搓球一致，在身体前移的过程中，球拍随手臂下沉，握拍变成反手推球的握拍法，拍面正对来球。击球时，随着肘部下沉，前臂回收外旋的同时，手腕由微屈至后伸闪腕，食指和拇指协调用力转动拍柄，其他手指突然握紧拍柄，拨击球托的左侧后部，使球沿对角线贴网飞越过网，并贴网落在对方网前。击球后，球拍回收至胸前，为下次的来球做积极的准备（图 5-30）。

图 5-30　反手勾对角球

（四）挑球

把对方击来的网前球、吊球挑高回击到对方后场去，称为挑球。好的挑球可以为自己赢得更多的防守时间，也给对方的杀球带来困难。相反，质量不好的挑球，则会给对方带来半场杀球的机会。

1. 正手挑球

准备动作与正手搓球基本相同。右脚向右网前跨出一大步，重心落在右脚上，在向来球移动的过程中，以肩、肘为轴心，前臂充分外旋带动手腕后伸，在身体的右前下方做半弧形引拍动作。当拍面击球的瞬间，前臂迅速内旋带动手腕向前上方展腕发力击球（动作与正手发后场高远球的击球发力动作相同）。挑直线球或是对角线球决定于拍面击球的角度和方向。击球后，身体重心即刻还原成准备姿势（图 5-31）。

图 5-31　正手挑球

2. 反手挑球

准备动作与反手搓网前球基本相同。击球前右臂往左后拉，屈肘引拍至左肩旁，同时右脚向左前方跨出一大步，重心放在右脚上。击球时，前臂充分内旋，右臂以肘关节为轴，握拍经体前由下往上，带动手腕由屈至后伸发力，用拇指第一指节压住拍柄的宽面，以正拍面全力将球击出。击球后，身体即刻还原成准备姿势（图 5-32）。

图 5-32　反手挑球

（五）前场击球的常见错误及纠正方法

1. 击球后身体重心不稳，继续前冲，回中心位置困难

纠正方法：

最后一步向前跨时，右脚着地采用以脚跟外沿先着地，然后过渡到前脚掌着地，以脚趾制动。与此同时，上体稍前倾，左臂往左后张开，以利于身体平衡。

如最后一步蹬跨步幅度很大，在右脚着地后，左脚向前拖滑跟进一段距离，以利回蹬。

加强步法练习，体会前跨、制动、回位各个环节的衔接技术。

2. 球不过网或过网弧度太高

纠正方法：

（1）加强网前技术动作练习，体会握拍、出拍击球动作。

（2）握拍动作要灵活放松，以维持用手指灵活控制拍面角度和掌握用力大小的能力。

（3）正确判断来球位置，加强对球位置的判断能力，从而合理地做出击球动作，将球高质量地击回。

（4）击球点离网较近时，拍面后仰的程度要适当大些；击球点离网较远时，拍面后仰的程度要适当小些。

3. 搓球不够滚动，勾对角不到位，挑球不够高、不够远，放球离网太远、太高，扑球出界、触网或不过网。

纠正方法：根据球离网的远近及自己所处的位置，掌握好拍面角度，采用相应技术。

（1）搓球如距网近时，抢点要高，手腕、手指要合理地旋转，且要控制好切搓力量。

（2）勾对角时，手臂挥拍到位，手指、手腕动作要协调配合。

（3）挑高球时，注意手臂挥拍控制好拍面角度，并合理利用向上挑球的爆发力。

（4）放网前球时，应根据来球调整拍面角度和手腕、手指的用力大小。

（5）采用网前多球练习，即一人隔网抛球，另一人按要求练习。有目的地锻炼判断和处理球的能力。

（六）前场技术练习方法

1. 正手网前技术练习方法

（1）徒手模仿各种网前技术动作练习，体验挥拍击球动作。

（2）多球练习。两名练习者一组，隔网对面站立。一人抛球，另一个做网前各种击球（搓球、推球、放球、勾球、挑高球）练习。

（3）多球练习，两人一组做行进间上网搓、推、放球、勾对角、挑高球练习。交换进行。

（4）两人一球，隔网利用搓、放、勾球技术进行比赛练习。

2. 反手网前技术练习

练习方法同正手网前技术练习方法。

要求：动作细，合理运用手腕和手指的旋转及力量，起动快，步法移动到位，掌握好击球点。

二、中场击球技术

中场击球技术主要包括接杀球和半蹲平抽快挡球两种，其中接杀球又分为接杀挡网前球、接杀挡后场球等，每一种技术又分为正反手两种打法。由于中场区是攻防转换的主要区域，双方的距离较近，球在空中滞留的时间也比较短，因此，中场击球技术要求挥拍预摆幅度小，突出体现一个“快”字。

下面将介绍几种主要的接杀球技术。

（一）接杀挡网前球技术

该技术是用于对方杀球力量大、球速快时，借助来球的反弹力量把球挡回去的防守性技术。主要包括挡直线网前球和挡对角网前球。

1. 正手接杀挡直线网前球

两脚与肩同宽自然分立于中场偏后的位置上，重心降低，双眼注视对方。用正手接杀球的步法向来球方向移动，身体右倾，手臂右伸，前臂外旋，手腕外展引拍，运用手腕手指控制拍面。击球时，前臂内旋稍翻腕带动球拍由右下向前上方挥动击球，借助对方杀球的力量向正前方推送击球，把球挡向直线网前，也可以在击球时前臂由外旋到内收，带球拍由右向前切送挡直线网前。击球后，身体左转成正面对网，然后右脚上前一步，球拍随身体向左转收至体前（图 5-33）。

图 5-33　正手接杀挡直线网前球

2. 正手接杀挡对角网前球

准备姿势同上。击球时，借助对方杀球的力量向斜对角方向推送击球，在肘关节屈收的同时前臂稍旋内，手腕由后伸到内收闪动击球托右侧，手腕、手指控制拍面角度，使球向对角线网前坠落（图 5-34）。

图 5-34　正手接杀挡对角网前球

3. 反手接杀挡直线网前球

准备姿势同正手相似，只是动作方向与手握拍法相反。击球时，采用背网击球步法，右脚触地同时，右手伸向左侧来球方向，借对方来球的冲力，以前臂稍做内旋引拍，手腕由展到收微微发力，借助对方杀球的力量用拇指的顶力挥拍，向正前方推送球贴网飞行落在对方网前。击球后，脚迅速蹬地正面对网成准备姿势，球拍随身体的移动收至体前（图 5-35）。

图 5-35　反手接杀挡直线网前球

4. 反手接杀挡对角网前球

准备姿势同正手相似，只是动作方向与正手握拍法相反。重心降低，在身体的左下方击球，手腕由外展到反伸迅速挥拍向斜前方用力击球托的左侧下部，使球向对角网前坠落（图 5-36）。

图 5-36　反手接杀挡对角网前球

（二）接杀挡后场球技术

接杀挡后场球技术包括接杀挑高球和接杀平抽球两种，每种技术均可采用正手、反手两种击法。将对手杀到身体一侧或体前的球挑向对方后场底线附近，这是接杀挑后场高球技术。如果对方杀球的位置较高，在腰部位置，可将来球向对方场区抽压过去，这就是接杀平抽球技术。

1. 正手接杀挑高球

当对方杀右边线球时，右脚向右跨一大步到位。随步伐移动往右侧拍，以肘为轴，拍面对准来球，击球时手臂屈肘后拉，同时上臂外旋带动伸腕引拍，前臂迅速内旋带动手腕向前上方发力击球，打到对方后场底线附近。如果用正拍面击球托的中下部，则球向直线高远方向飞行；如用斜拍面击球托的右下部，则球向对角线方向飞行。击球后，前臂内收，球拍往体前上方挥动，球拍回收至体前，双脚迅速回到接发球站位位置（图 5-37）。

图 5-37　正手接杀挑高球

2. 反手接杀挑高球

当对方杀左边线球时，左脚或右脚向左侧跨一大步到位。换反手握拍法，移动的同时往左侧引拍。击球时，前臂迅速内旋，在身体的左前下方带动手腕伸展，引拍至左侧前。击球时，上臂支撑，前臂急速往右前方挥摆，手腕由外展至反伸发力，握紧球拍，沿半弧形向前上方挥拍，用拇指顶力快速挥拍击球托的中下部，使球向直线方向飞行。若用反手斜拍面挥拍击球托的左下部，则球向对角线方向飞行。

3. 正手接杀平抽球

同样，当杀球击到右边线且在腰部以上位置，右脚向右跨一大步到位，球拍直接伸向来球位置，手臂屈肘后拉，同时上臂外旋带动伸腕引拍。击球时，手臂迅速内旋挥拍，并带动手腕发力，食指控制拍面，用类似翻压的动作击球，使球平行过网后立即下落。击球后，手臂顺势左摆，左脚往左前迈进一步，准备迎击第二次来球（图 5-38）。

图 5-38 正手接杀平抽球

4. 反手接杀平抽球

右脚前交叉在左侧前，重心在左脚上，右手反手握拍在左侧前，击球前，肘部稍上扬，上臂内旋向身体左后侧引拍至左侧。击球时，前臂急速外旋，带动手腕由展到收发力，充分用拇指的顶力挥拍击球托底部，将来球向正前方平击过网。击球后，球拍随身体的回动收到右侧前（图 5-39）。

图 5-39 反手接杀平抽球

（三）平抽快挡球技术

当对方的来球高于腰部，甚至高于肩部时，采用半蹲的姿势，以反压抽打的方式将球向正前方击出的技术称为平抽快挡技术。与接杀球技术不同，中场技术中的平抽快挡技术是一项双方对打互攻技术，在双打和混合双打中比较常用。它是一项争夺前半场主动的进攻性技术，因此，又被称作中场半蹲快打技术。此项技术也分为正手和反手两种击法。

1. 正手平抽快挡

两脚与肩同宽自然开立，脚掌触地，脚跟提起，双腿屈膝呈半蹲准备姿势。右手持拍居于肩上或置于胸前，两眼注视来球方向。迎球的同时以肩为轴，前臂向后经外旋回环带动手腕伸展引拍。击球时，前臂迅速向前内旋，肘关节后摆，带动手腕屈收发力，向前推压抽击球托后部。击球时，预摆和发力的动作要小，向前推后发力击球。击球后，惯性动作要小，应迅速收拍，做好回击下一个球的准备（图 5-40）。

图 5-40　正手平抽快挡

2. 反手平抽快挡

准备姿势与正手平抽快挡球技术基本相同。迎接来球时，右前臂往左摆，身体稍向左转至右肩对网，左脚也往左侧迈一小步，前臂内旋，手腕外展引拍于左侧后。击球时，前臂外旋，手腕由展到收迅速发力，手指突然抓紧拍柄，用拇指的顶力推压抽击球托后部。击球后，球拍由右下回举至前上方，准备下一次击球（图 5-41）。

图 5-41　反手平抽快挡

（四）中场击球的常见错误及纠正法

1. 在体后击球，击球点把握不准，造成出球无力

纠正方法：

（1）加强自我的空间感练习，进一步明确对各种来球击球点都应在体前、体侧前的要求及其目的。

（2）根据不同的来球，做出合理的步法准备、调整拍面角度、击球力量、动作速度等。

（3）多做以肘为轴，以前臂带动手腕做小幅度的快速挥拍练习，以体会击球的时机。

（4）多做徒手挥拍练习或多球练习。强调前后动作的衔接性。

2. 反应慢，接不到球

脚步行动缓慢或者对来球落点判断失误，多数发生在回击反手球。

纠正方法：

（1）首先要提高反应速度及对各种来球落点的判断能力，即时空反应能力。

（2）加强对接各种来球的准备姿势、步法移动、手法的练习。例如，多做接杀球练习，以训练反应速度和判断能力；体会接杀球技术动作，做平抽练习，两人快带平抽平打，练习动作速度。

（3）采用多球专门练习，以提高控制球的能力。

3. 接球不过网

纠正方法：

（1）提高握拍的灵活性。手腕、手指根据不同来球控制球的力量、角度和方向。

（2）适当增加向前上方提拉的力量。

（3）多球练习，体会并控制好击球瞬间的制动能力。

三、后场击球技术

后场击球技术主要包括击高远球、吊球和杀球，是一项运用广泛的击球技术。

（一）击高远球

高远球是自后场经过高空飞行打到对方后场端线附近的球。它是后场击球的基本技术之一，也是单打比赛中使用最多的一种击球方式。击高远球就是打得又高又远，球飞至对方底线上空垂直落到端线内附近。此外，在后场还可击出从高远球发展而来的平高球，它弧线比高远球低，但飞行的速度比高远球快，也是后场进攻的有效技术之一。

1. 正手击高远球

首先，对来球的方向和落点进行预判，侧身后退，从而快速移动到击球位置。左肩对网，左脚在前，右脚脚尖外转，并后撤成支撑步。右手持拍，手臂自然弯曲，将球拍举在右肩上方，两眼注视来球，左臂屈肘，左手自然高举，左肩和左臂应当指向来球方向。击球时，右上臂后引，随之肘关节上提至明显高于肩部，将球拍后引至头部，自然伸腕（拳心朝上），然后在后脚蹬地、转体收腹的协调用力下，以肩为轴，上臂带动前臂快速向前上方甩腕（鞭打），在手臂伸直的最高点击球托的后下部。击球后，持拍手臂顺惯性往前左下方挥动并收拍至体前。与此同时，右脚向前迈出，左脚后撤，身体重心由后脚移到前脚上，身体回到准备姿势（图5-42）。若要击对角线高远球，则用正拍面击球托的左后下部，以手指的定力向右前上方发力击球。

图5-42　正手击高远球

上面讲到的是原地正手击高远球，还可以起跳击球。起跳击高远球按上述要求做好准备动作，然后右脚起跳，随即在空中转体，并完成拍击球动作。击球动作是在球从空中最高点下落的瞬间完成。起跳击球是为了争取更高点击球，从而以取得时间上的主动，起到比原地击球更好的效果，但起跳正手击高远球对步法技术、身体素质和体力要求也较高。

2. 头顶击高远球

在自己的左后场区，用正手将落在头顶中间部位或在左肩上方的来球击到对方底线去的高远球，称头顶击高远球。这种击球动作是我国运动员对羽毛球技术发展的一项贡献，较之反手击球主动性要更强，具有更大的攻击性。初学者应努力学好头顶击高远球技术。

头顶击高远球的击球前准备姿势以及击球动作与正手击高远球基本相同，本质上的区别在于在击球阶段运动员上身向左侧侧向弯曲，击球点偏左肩上方。准备击球时，侧身稍左后仰。击球时，大臂带动小臂使球拍绕过头顶，从左上方向前加速挥动，注意发挥手腕的爆发力以及蹬地收腹的力量击球。落地时左腿向左后方摆动幅度大些，并用左脚后蹬向中心位置回动（图5-43）。

图 5-43　头顶击高远球

3. 反手击高远球

在自己左后场区上，以反手握拍法用反拍面击出的高远球，称为反手击高远球。同样是击后场区高远球，我们应当尽量避免用反手击高远球，因为头顶高远球对我们更有利，但是在被动情况下，可采用反手击高远球过渡，如果该项技术能掌握好，也可能转被动为主动。

当判断来球是在左后场区上空时，用反手握拍法握拍，右脚向身体左侧跨出，同时迅速将身体转向左后方移动步法，最后一步用右脚前交叉跨到左后方击球位置，背对网，身体重心在右脚上，持拍于胸前，拍面朝上。右手举球拍由身前到左肩附近，以大臂带动前臂转动，前臂由左肩上方往下绕半弧形引拍，当球下落至右肩上方时，上步挥臂，右脚充分蹬地，转髋展肩，上臂带动前臂外旋手腕发力，根据还击球的需要，掌握好球拍的角度鞭打来球，击球瞬间手指紧握球拍，利用拇指的顶力，用反拍面将球击出。击球后，手臂回收至胸前，右脚蹬地向右转身回到准备接球的位置（图 5-44）。

图 5-44　反手高远球

（二）吊球

运用劈切、拦截的技术动作，把中、后场的较高来球，以向前下方飞行的弧线，还击到对方近网区域的击球方式叫做吊球。根据击球动作以及球飞行的弧线的不同，吊球可以分为劈吊和轻吊等。吊球技术亦包括正手、反手和头顶三种手法，由于吊球落点比较近网，在后场如果与击高远球技术结合运用，就能拉开对方的防守范围，从而调动对方，掌握场上的主动权。

无论是哪种吊球，其击球前准备动作和引拍动作都同于相对应的击高远球技术动作，使对方不易判断自己打出的是什么球。下面只着重介绍各种不同吊球技术环节中击球技术的动作要领。

1. 正手吊球

包括劈吊球（又称快吊）技术和轻吊球（又称拦截吊）技术，击球前其动作都与正手击高远球的动作相同。

（1）劈吊。动作与击后场高远球基本相同，只有击球瞬间拍面的角度存在差异。击球时，拍面正面向内倾斜，主要靠手腕、手指控制力量，手腕做快速切削下压，手指转动球拍以斜面“切击”球托后部的右侧，并向下方送球。劈吊直线球时，拍面的“包切”动作要小一些，击球瞬间以斜拍面击球托后部右侧偏中的位置；若是后场劈吊斜线球时，则球拍“包切”的动作要大一些，几乎是向左前下方侧击球托的右侧部位。击劈吊球的关键是用力方向朝下，使球越网后即下落。击球后，球拍随惯性自然回收到胸前（图 5-45）。

图 5-45　正手吊球

（2）轻吊。击球时，一种轻吊的拍面变化同劈吊基本一致，但用力要更轻些；另一种是击球时，拍面正击球托或借助于来球的反弹力用球拍轻挡，使球过网后贴网而下。后者多用于拦截对方击来的平高球和半场高球。轻吊也可以视情况选择击出直线轻吊和斜线轻吊。

2. 头顶吊球

头顶直线吊球其击球前的动作同头顶击直线高远球的一样，不同的是球拍在触球时拍面的变化和力量的运用。击球时，按照正手直线吊球的动作要领，向前轻切球托后下部，使球朝直线方向飞行，越网后立即下落。若要吊斜线球时，球拍正面向外转，切削球托的左侧，朝右前下方发力，使球向对角方向飞行，球越网后即下落（图5-46）。头顶吊球也可作劈吊和轻吊，击球时动作要领同正手吊球一样。

图5-46 头顶吊斜线球

3. 反手吊球

反手吊球击球前的动作亦和反手击高远球相同，不同处在于触球时拍面的掌握和力量的运用。吊直线球时，小臂上摆，用拇指内侧顶住拍柄，手腕向后“甩腕”轻击球托的后下部位，向对方右网前发力，使球的飞行方向朝着直线飞行，越网后即落在对方网前；吊斜线球时，用球拍面切削球托的左侧，使球沿斜线方向落到对方对角线网前区域（图5-47）。

图5-47 反手吊球

（三）杀球

杀球是把对方击来的高球全力向下扣压的技术。这种球的特点是力量大，几乎沿着直线以很快的速度飞行落到对方场地，给对方的威胁很大。它是进攻得分的主要手段。

杀球分为正手杀球、头顶杀球、反手杀球和正手腾空突击杀球即起跳杀球四种。

1. 正手杀球

击球前的准备姿势和击球动作与正手击高远球基本相同，不同的是最后用力的方向朝下。在右脚起跳后，身体后仰成反弓后收腹用力，靠腰腹带动上臂、上臂带动前臂、前臂带动手腕，形成鞭打向下发力，球拍正面击球托的后部，无切击，使球沿直线向前下方快速飞行。击球后立即还原成准备姿势（图 5-48）。

图 5-48　正手杀直线球

与正手击高远球相比，正手杀球的击球点较高远球的更靠前，用加强前臂旋转和腕关节弯曲来完成快速有力的击球动作，加强腕关节的参与使拍头的速度更快，球向下的飞行轨迹更陡。充分利用蹬地、转体、收腹以及手臂和手腕的爆发力全力地将球向下击出。

正手杀对角线球的准备姿势与正手扣杀直线球相同，不同之处是右脚起跳之后，身体向左前方转动用力，协助手臂朝对角方向击球。

2. 头顶杀球

头顶杀球的准备姿势同头顶击高远球以及头顶吊球基本相同，不同之处在挥拍击球时，要靠腰腹带动大臂，协调小臂、手腕的综合力量形成鞭击动作，全力往下方击球，拍面与水平面的夹角要小于 90°（图 5-49）。当选择头顶杀对角线球时，只需要在击球时全力向对角线方向击球（图 5-50）。

图 5-49　头顶杀直线球

图 5-50　头顶杀对角线球

3. 反手杀球

反手扣杀球的准备动作与反手击高球以及反手吊球基本相同，不同之处是击球前的挥拍用力要大，跳起后身体反弓加上手臂、手腕的延伸、外展的鞭打用力，可向对方的直线或对角线的下方用力，击球瞬间球拍与扣杀球方向的水平夹角应小于 90°（图 5-51）。

图 5-51　反手杀球

4. 腾空突击杀球（起跳杀球）

除了上述三种扣杀技术外，还有一种扣杀是比赛中经常会用到的，它就是腾空突击杀球技术。击球时，侧身右脚后退一步准备起跳。起跳后，身体向右后方腾起，上身右后仰或反弓形，右臂右上抬，肩尽量后拉。击球时，前臂全速往上摆起，手腕从后伸经前臂内旋至屈收，同时握紧球拍压腕产生爆发力，高速向前下击球。突击杀球后，右脚在右侧着地屈膝缓冲，重心在右脚前；左脚在左侧前着地，利用左脚蹬地向中心位置回动，手臂随惯性自然往体前回收（图 5-52）。

图 5-52　腾空突击杀球

腾空突击杀球除了要求熟练掌握基本杀球技术，对身体素质和体力也有很高要求。此外，还必须经过反复练习才能把握起跳时间和击球点位置。

（四）后场击球的常见错误及纠正方法

1. 击球点选择不当

对于初学者无论是高远球、平高球，还是吊球、杀球，在选择击球点时都易出现打不到球的情况。

纠正方法：

（1）挥拍练习（固定击球点挥拍）。

（2）在适当的高度上（直立持拍上举、拍面击到球的高度）用细绳吊一个羽毛球或找一个高度适当的树梢为目标来练习挥击。

（3）纠正握拍方法和挥拍路线，定点发多球（高远球）练习，在基本不做移动的情况下回击球。

2. 高、吊、杀球技术动作缺乏一致性

击球时，动作和用力顺序不协调，发力不好。例如，不是以肩为轴挥臂，而是以肘为轴；不是用挥臂甩腕动作靠“爆发力”把球击出，而是将球推出；杀球时腰腹力量用不上，手腕下甩不够。

纠正方法：

（1）进一步了解、领会技术要领，体会击球动作。

（2）加强挥拍练习，体会闪腕“鞭打”击球技术的要领；加强腰腹、手臂力量练习，如哑铃、沙袋、挥拍练习。

（3）做小重量快速挺举，屈伸臂、腕，仰卧起坐等练习；进行综合性高、吊、杀球练习。

3. 球的落点差，出球的弧线掌握不好

高球打不到底线，高度不够；杀球压不下来；吊球过网弧线太高，落点掌握不好。

纠正方法：

（1）体会各种回击球的点、拍面角度和发力方向。

（2）高远球的击球点应在右臂上方伸直处，拍面稍后仰向前上方用力。

（3）杀球、吊球的击球点在右臂上方稍前处，拍面要适当前倾，向前下方发力。

（4）发多球，有针对性地练习不同的技术动作。

（5）两人专门做对打高远球、杀球、吊球技术动作的练习。

（五）后场技术练习方法

1. 正手击球练习方法

（1）徒手模仿高远球及吊球、杀球技术挥拍动作。

（2）多球练习。两个练习者合作，一人发后场高远球，一人回击后场直线、斜线高远球，轮换交替练习。

（3）方法同上，后场吊或杀直线、斜线球练习。

（4）固定线路练习，两人一球，对打直线和斜线高远球练习。

（5）多球练习，两个人合作，一人发后场高远球，一人回击吊直线或（和）斜线网前球练习。交替进行。

（6）两人一球，一人吊球（直、斜线），另一个挑后场高远球多拍往返练习。交替进行。

（7）多球练习，两人一组，一人发中、后场高球，另一人扣杀直线练习。交替进行。

（8）方法同上，中、后场扣杀斜线练习。

（9）方法同上，固定球路练习，高、吊、杀结合练习。

2. 反手击球练习方法

（1）徒手反手挥拍模仿后场各种击球动作。

（2）多球练习。两人一组，一人发左后场高远球，另一人用反手回击直线高远球练习。交替进行。

（3）方法同上，反手回击斜线高远球练习。

（4）方法同上，反手吊球或（和）杀直线球或（和）斜线球练习。

（5）两人一球，反手对打直线或（和）斜线高远球多拍练习。

（6）方法同上，反手对吊直、斜线球练习。

3. 头顶击高球练习方法

（1）徒手做左侧步后退击球挥拍模仿动作。

（2）多球练习。两人一组，一人发左后场高远球，另一人从中场以侧步后退打头顶直线或（和）斜线高远球练习。交替进行。

（3）方法同上，头顶扣杀、吊直线或（和）斜线球练习。

（4）两人一球，对打头顶高远球多拍练习。

（5）方法同上，头顶一人杀、吊球，一人防守练习。交替进行。

思考题

1. 羽毛球运动技术的重点在哪里？
2. 发球时怎样协调运用全身的力量？
3. 怎样发好球？
4. 怎样合理地利用击球技术？
5. 通过本章的学习，最大的收获是什么？

第六章 羽毛球运动的基本战术

章前导言

在羽毛球比赛中，为了取得比赛的胜利，一方面要尽可能地将自己的优势发挥出来；另一方面又要尽力去限制对方特长的发挥，那么在这种进攻与防守、控制与反控制的过程中就需要掌握一些羽毛球的基本战术，并且能够熟练运用这些战术。在势均力敌的情况下，合理有效的战术运用是比赛获得胜利的关键。本章就将向大家介绍羽毛球比赛的基本战术。

学习目标

1. 了解战术在羽毛球比赛中的作用。
2. 学习和掌握羽毛球单打比赛中的常用战术。
3. 学习和掌握羽毛球双打比赛中的常用战术。

关键词

战术　打法　比赛　单打　双打

第一节　羽毛球单打的基本战术

羽毛球战术是指，比赛中球员根据场上对手的技术、体力和思想意志等具体情况，而采取的争取比赛胜利的一种对策。下面介绍一些常用单打战术。

一、单打发球战术

发球是比赛过程中组织进攻的开始，在比赛中占有重要的地位。发球者在规则允许的情况下，可以采用任何一种发球技术。好的发球能够控制场上的主动权，迫使对方只能做防守型的回击，限制对手的发挥。发球抢攻战术中有发高远球、平高球、平快球、网前球等多种方式，具体采用何种发球方式，要根据场上的具体情况而定。发球抢攻战术应注意争取前三拍的主动进攻。发球抢攻战术对付应变能力较差的对手，或实施于比赛的关键时刻，往往会取得较好的效果。

下面向大家介绍几种基本的单打发球战术及其运用方法。

（一）视对方接发球站位决定发球路线

如对方接发球站位偏后，注意力在后场，网前出现空当，这时我方就应发网前小球。如对方接发球站位靠前，接发球注意力在前场，后场出现空当，此时就可以发后场球（图 6-1）。

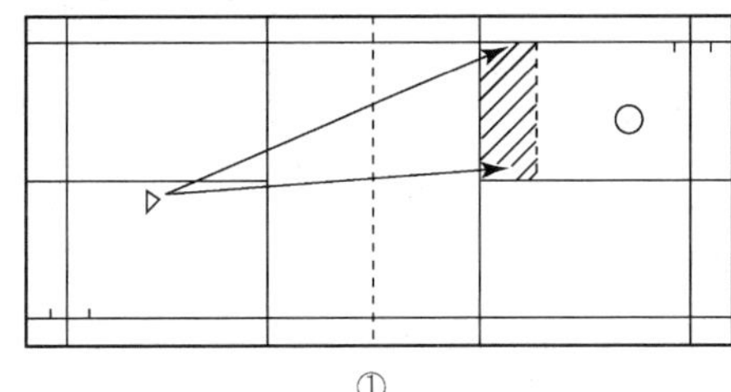

①

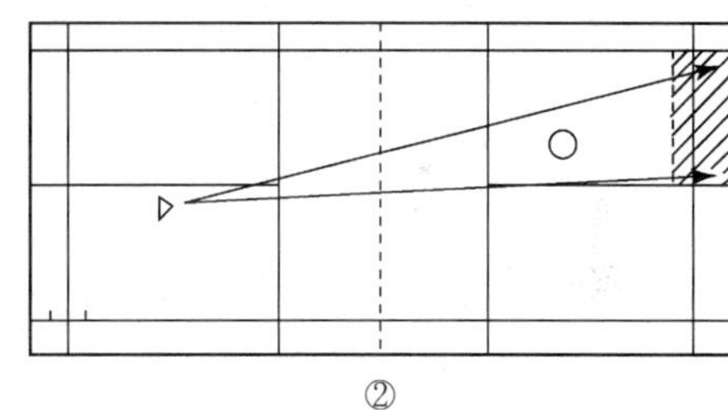

②

图 6-1　发球战术

（二）避开对方技术特长发球

对方后场进攻能力很强，球路刁钻，但接网前球能力相对较弱，此时我方发球就应多以发网前小球为主，有意限制对手发挥其后场进攻技术的优势。如果对方网前技术动作一致性强，对我方威胁大，此时发球就应避开对方这一优势，以多发后场球为主。

（三）利用对方接发球的规律特点发球

如对手接发球出球路线有一定的规律性，常常在接发后场高球时以压直线平高球为主，此时不妨投其所好，有意识地发后场高球，然后注意去堵击对方接发球出直线平高球的习惯球路。

（四）利用发球动作迷惑对手

发球时可故意显出犹豫不决或漫不经心，给对手一定的假象。在迷惑对手的同时，注意观察其站位，如果对手接发球站位靠边线，可采用突然性很强的平射球袭击对方的 3 号位置，使对方措手不及，回球失误（图 6-2）。

另外，善于观察对方接发球的心态。如果发现对方接发球有些急躁，跃跃欲试地想扑封网前球，这时可做出好像要发前场小球的姿势，在击球一瞬间突然改发后场平高球。

二、发球区域划分

通常情况下，可将发球区域分为 1、2、3、4 号位置。1、2 号位置为对手接发球区域的网前左右两角，3、4 号位置为对手接发球区域的后场左右两角，也可以将靠近中线的前后两点称为 1、3 号位置，靠近边线的前后两点称为 2、4 号位置（图 6-3）。

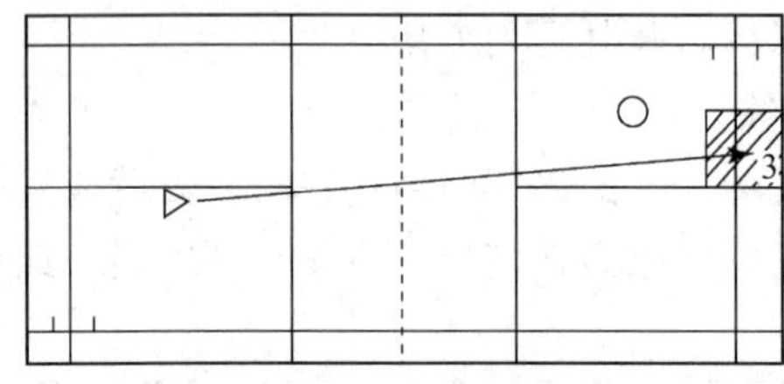

图 6-2　发球战术

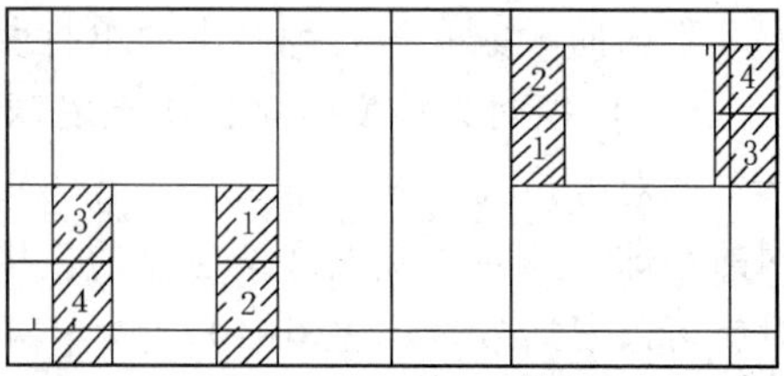

图 6-3　发球区域

下面将各发球位置的基本战术特点介绍如下：

（1）将球发至 1 号位。此时对方出球角度小，便于判断对方的出球，特别是有利于回击对方推至我方后场的球（图 6-4）。

（2）将球发至 2 号位。特别是右场区域 2 号位，有利于下一拍攻击对方左后场反手区域，但是也必须注意防范对方以直线球攻击我方左后场反手区域（图 6-5）。

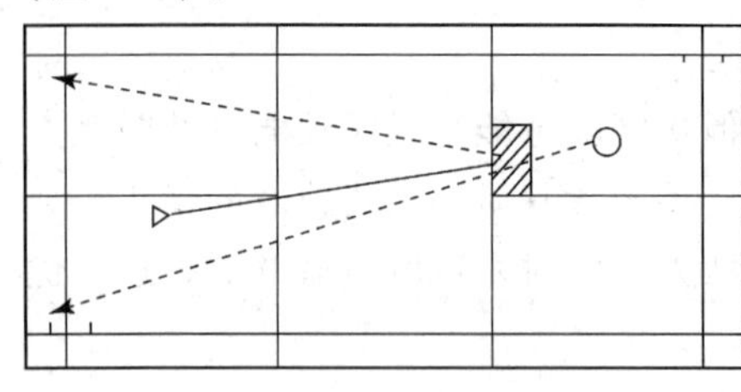

图 6-4　发 1 号位置球

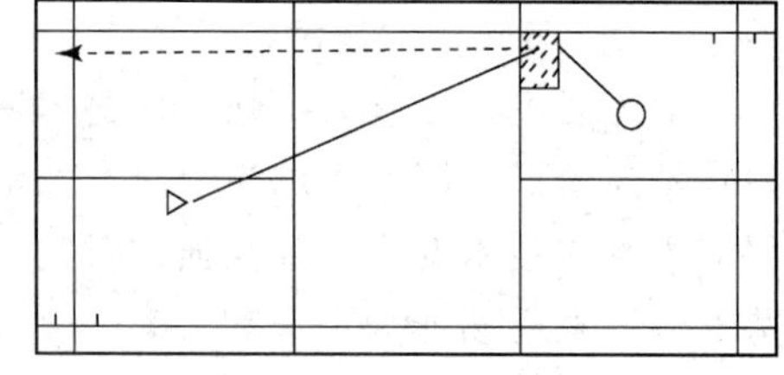

图 6-5　发 2 号位置球

（3）将球发至 3 号位。可以避免对方快速的直线平高球攻击自己的边线两角。因为中线的出球角度要较两边线小一些，一般需经过我方的中心位置才能到达两边线（图 6-6）。

（4）将球发至 4 号位。便于拉开对方位置，下一拍可调动对方到对角线网前，但发此位置的球要注意对方用直线平高球进攻我方后场。特别是发左场区 4 号位时，要注意防止对方使用平高球进攻自己的左后场，即我方的左后场反手区域（图 6–7）。

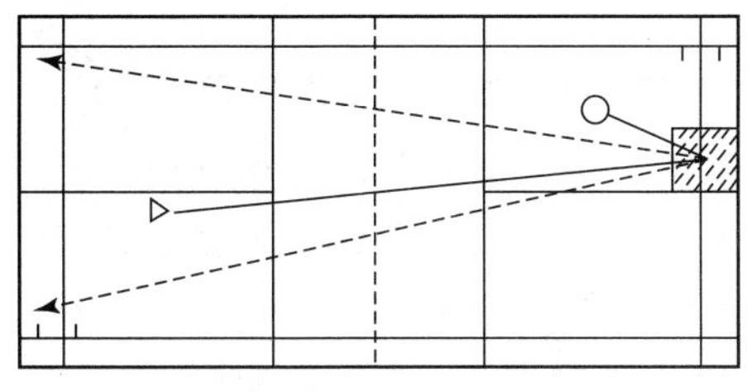

图 6–6　发 3 号位置球

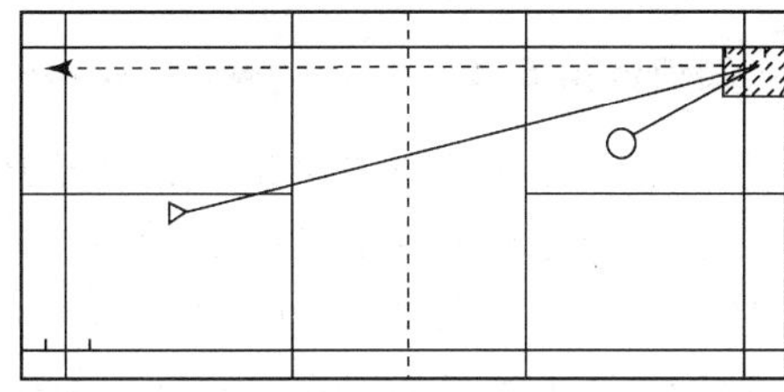

图 6–7　发 4 号位置球

（5）发网前小球可以采用发 1、2 号位置之间的中路球或追身球。发中路球比较稳妥，不会出边线，失误率低。追身球是用发网前小球的动作，但击球力量稍大一些，直冲对方身上去的一种球。其战术特点有两方面：一方面是突然性，即在对方没有防备的情况下，这种网前小球由于速度较一般网前小球要快，通常会使对方措手不及，造成对方被动；另一方面是稳定性强，即由于球冲对方身上去，能减少我方发球出界的几率（图 6–8）。

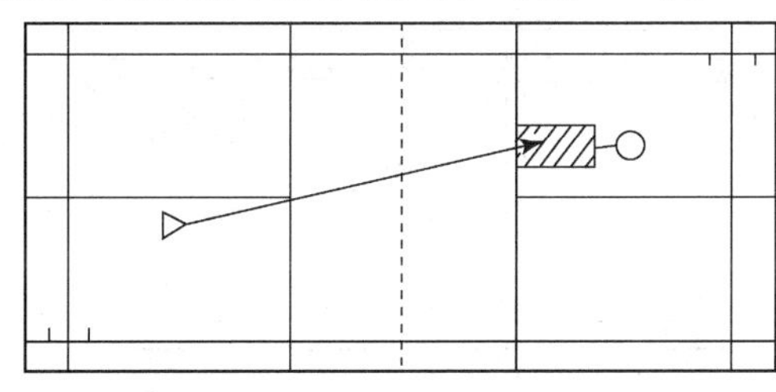

图 6–8　发中路球

（6）发高远球。高远球在空中的飞行时间长、距离远，可以有效地将对手从中心位置调至底线位置，使其不便直接发动强攻。如果对手后场击球失误较多，不善于接又高又远垂直下落的高远球，这时就要坚持多发高远球。

（7）发球的时间。发球时应注意观察对手的注意力。当对方注意力高度集中时，可稍微缓发球，待对方注意力的“最佳点”下降后再将球发出。而一旦发现对方注意力不是太集中时，可迅速发球，以打乱对方接发球的起动时间，陷对手于被动。

三、单打战术

（一）攻后场战术

这种战术要求把球发到对方场地的端线或两底角处，给对方后退进攻击球制造难度。高远球弧线高、飞行时间长、球从高处落下来，使后退步法慢、进攻技术差的对手较难下压进攻。此战术是通过击高球，反复压对方的底线两角，造成对方的被动，然后寻找机会进攻。此战术用来对付初学者，或后场还击能力较差，或后退步法较慢以及急于上网的对手是很有效的。

知识链接 6-1

马来西亚羽坛名将米·西德克收集并研究了世界各国羽毛球技术资料，认为目前世界羽毛球运动有四种战术打法，分别是：中国式战术打法、印尼式战术打法、欧洲式战术打法和韩国式战术打法。它们各有千秋，为广大体育爱好者在欣赏羽毛球比赛时多提供了一些观察角度。

例如，对付急于上网和后退步法起动移动较慢的对手，可以通过反复多次的平高球压对方于后场，在其注意力集中到后场后，又快吊或扣杀进攻前半场。第一拍，发左场区 4 号位高远球；第二拍，对方回直线高远球；第三拍，用直、斜线平高球重复压后端线一角；第四拍，对方被动回直线高远球；第五拍，可视情况而定，如对方回球质量还不错，就继续再压后场，如果对方回球质量不佳，即可以快速杀球或吊对角线球等方法展开进攻（图 6-9）。

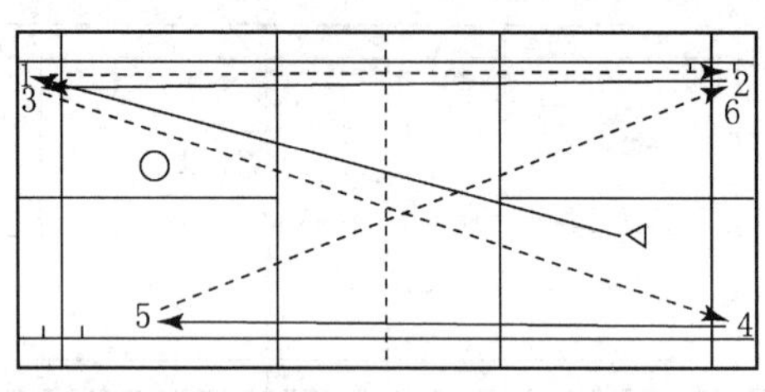

图 6-9　攻后场战术

（二）攻前场战术

攻前场战术要求先发制人，以快速、凶狠、凌厉的特点进攻，从速度、力量上压住对方，速战速决。其特点是先以速度、力量不同的吊球、劈球、点杀球、轻杀球、重杀球将球下压，创造机会上网，以搓、推、勾球控制网前，将对方的注意力吸引至网前，再配合以平高球突击对方底线，创造中后场的进攻机会，再全力发起进攻。这种战术对付个头高、步法移动慢、网前出手慢、接下手球吃力的选手较为有效。

球路一：以直线长杀、对角点杀和劈杀上网搓、推、勾控制网前（图 6-10）。

球路二：半场全力重杀，后场轻杀上网控制网前。当来球在后半场时，我方应采用重杀。当对方来球偏后场位置，我方可采用轻杀，以保持身体重心，准备下一步控制网前（图 6-11）。

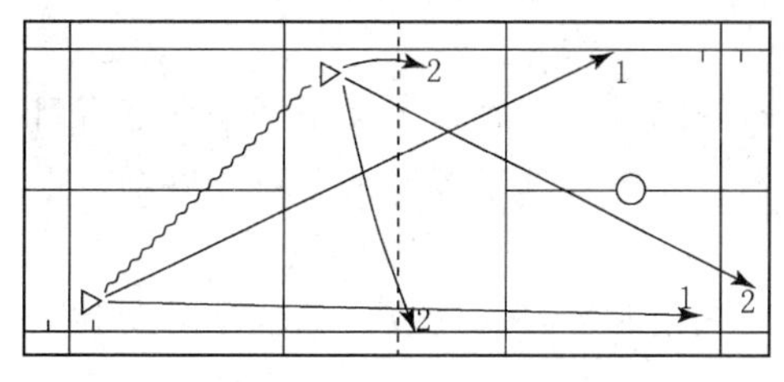

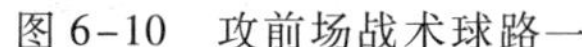
图 6-10　攻前场战术球路一

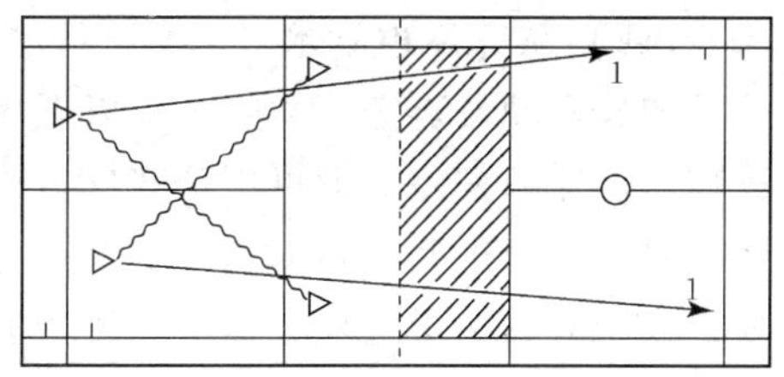

图 6-11　攻前场战术球路二

（三）杀吊上网战术

杀吊上网战术是利用快速的平高球、吊球、杀球和网前搓、推、勾球，准确地将球击到对方场区的后场底线两角和前场网前两角 4 个点上。这种战术的特点是快速拉开，多拍调动对方，使对方前、后、左、右来回奔跑移动。在控制与反控制过程中，一旦对方来不及回中心位置或回球质量不高时，我方即抓住机会，寻其空当部位突击进攻。因此，运用这种战术时要求出球的落点角度要大、速度快，充分调动开对方，才能取得较好效果。

根据对手的不同特点，可采用不同的拉吊路线。

如果对手灵活性差、身体移动慢，拉吊时可多采用打小对角线球路的方法，加大对方接球的难度，迫使其身体重心不稳而失误。例如，对手在反手网前勾对角后，正手后场应出现空当，此时似乎应推直线，因为距离最远，然而，如改推对角后场，距离虽然看起来近一些，但对方击球时需要小对角转身，转体动作和移动难度大，接球也就更困难（图 6-12）。

如果对手步法好、移动快，出球后回中心位置也快，我方就可多打出重复路线的球，这样对方移动起来就不会太舒服，或者使用一定的假动作以破坏对方的步法起动节奏，增加其回球难度。对付步法跑动慢的对手，可采用快速拉前、后场大对角路线，即通过不断地快速拉开调动对方，迫使对方出现空当，伺机突击（图 6-13）。

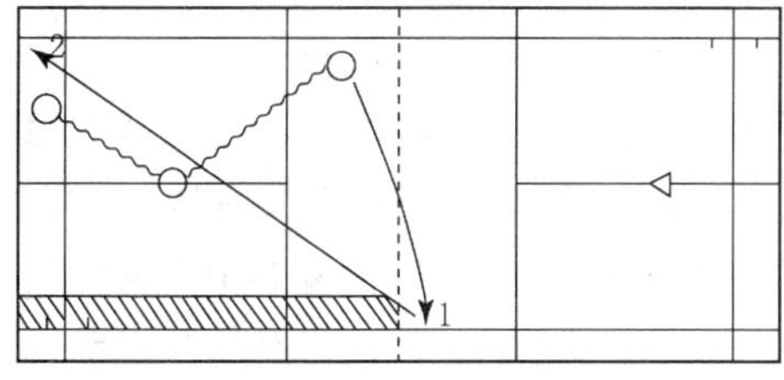

图 6-12　小对角线球路

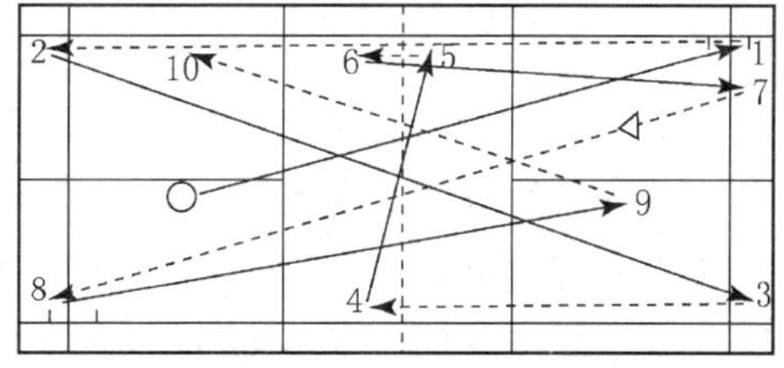

图 6-13　拉吊突击进攻战术

对回击的后场高球，应先以杀球配合吊球把球下压，落点选在场区的两条边线附近，致使对手被动回球。若对手回网前球时，本方迅速上网搓球、勾对角球或平推球，创造在中场大力扣杀的机会。这种战术必须很好地控制杀、吊球的落点，在使对方被动回网前时，才能主动迅速上网。

（四）防守反攻战术

如果运动员防守能力好，足以抵挡对方的进攻，而对手又正好是喜好盲目进攻，且体力又差，即可用防守反击战术。先将各种来球回击至对方后场，以诱使对方发起进攻，在对方只顾进攻而麻痹于防守时，即可伺机采取突击进攻；或当对方疲于进攻、体力耗尽、速度减慢时再发起进攻，也就是后发制人战术。其特点是通过高球、推球和适当的吊球、搓球、勾球等防守球路变化的配合，诱使对方产生急躁而失误或使对方陷于被动，造成进攻质量差，这时就可以抓住有利时机进行反攻（图 6–14）。

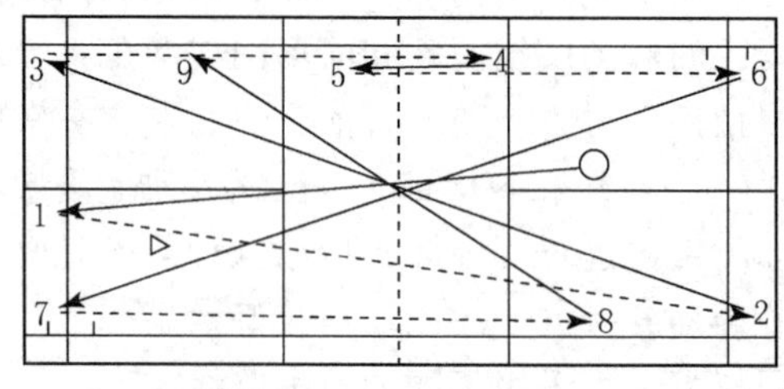

图 6–14　防守反攻战术

防守反攻战术是印尼优秀选手王连香最常用的基本战术之一。通常无论对方打来的前场、中场或是后场位置的球，她都先耐心地守住，将它们一一回击到对方的后场。一旦对手回球质量不高，即抓住战机发起反攻；或者是在控制与反控制中，靠对手失去耐心而导致失误，从而自己得分。这就是典型的防守反攻战术。

第二节　羽毛球双打的基本战术

一、双打的基本站位

规则规定，羽毛球比赛的双打除发球及接发球外，双打选手不受击球次数和击球方位的限制。在场地宽度仅增加 92 厘米，发球、接发球区域的前后距离还比单打缩短了 76 厘米的情况下，由于选手在场上控制的范围比单打小，所以双打从接发球开始就形成了“平打、快打、近打、狠打”的短兵相接的场面。在快速的对抗中，两人配合默契如同一个人，攻守衔接，跑位及轮转协调一致，才能打好双打。

初次学习双打的选手，常见的突出问题就是两人站位不妥、分工不明确以及配合不默契等，要么互相击球碰撞，要么互相退让漏接而失误。例如，对方击来一个右前半场球，两人同时抢接，都跑到前右半场，那么左后场就出现了很大的漏洞。又如，一个球打在两人中间，两人都以为同伴会接而放弃。这些都是由于不了解双打的基本配合方法而造成的。下面给大家简单介绍羽毛球双打站位、轮转及分工的一些基本知识。

在比赛中无论是进攻还是防守，两人的位置要合理地平均分开，这样才能顾及到全场范围的任何一点。如果挤在一起，场上将会出现空当。基本的站位大致分为以下两种：第一种是前后站位。一人在前场，一人在后场，形成纵形队列。这种站位适宜于进攻时使用。当我方发起进攻时，一名选手在后场进攻，另一名选手在前场封网，但两人的站位不要在前后一条直线上，前场封网选手要根据后场选手的进攻路线来选择自己的站位（图6–15）。第二种是平行站位。当对方进攻时，我方选手应采用平行的分边站位法，各自守住自己半边场地的来球。这种站位方法主要用于防守，但我方处于连续进攻时，两人都压向网前，也是平行分边站位的一种，称为分边压网站位（图6–16）。

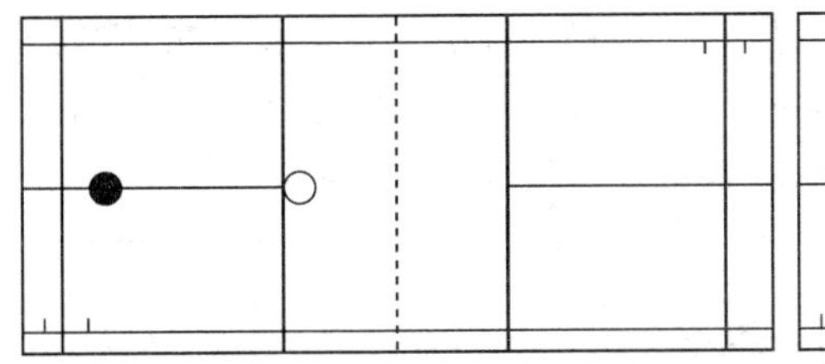

图6–15　双打前后站位　　图6–16　双打平行分边站位

（一）轮转站位

在双打比赛每一回合的较量中，竞赛双方不可能一方总是处于进攻，或一方总是处于防守中。双方激烈的对抗，使得进攻与防守、防守与进攻总是不停地转来换去，这就构成了羽毛球双打的轮转方法。

当我方处于前后站位进攻队形时，遇到下列情形应迅速轮转为平行分边站位：

（1）我方选手上网挑高球或从后场起高球时，应直线后退或前进回位，形成平行分边站位。这时场上的局面也就由进攻转入准备防守。

（2）当后场选手击边线平抽球后应直线向前移动，准备随球连续进攻压向网前时，在前场的选手应后退到另一侧，以保护空当部位，形成平行分边压网站位（图6–17）。

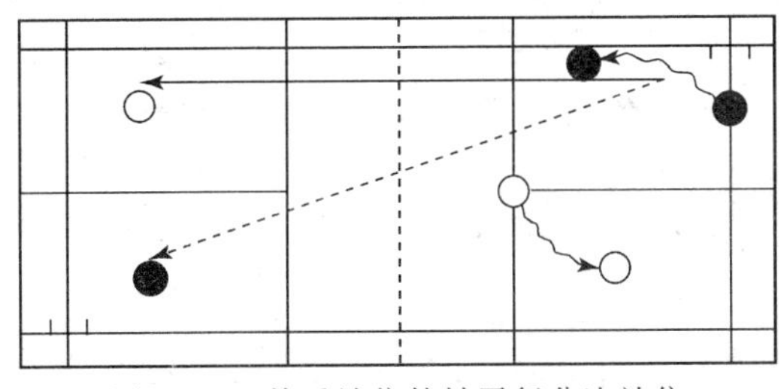

图6–17　前后站位轮转平行分边站位

我方处于平行站位防守时，遇到下列情形应迅速轮转为前后站位：

（1）我方任何一名选手在接吊球或接杀球放网前小球后，应随球移动至前场准备封网，另一名选手则退至后场。

（2）当对方回高球时，我方接高球选手后退击球，另一名选手相应的就轮转上网，形成前后进攻队形。

（3）当某一选手接杀球反抽进行反攻时，该选手应随攻球步步压向网前，另一选手则随之轮转，退至相应的另一侧，保护场地的空当部位。

（二）分工站位

前后站位时，前场选手应负责前发球线以前的前半场区域的来球。后场选手负责中场、后场大部分区域的来球。通常情况下，过前场选手头后的半场位置的球归后场选手负责（图6-18）。

在正常情况下，平行分边站位时，左右场区两位选手各自负责自己半场区内的来球。但当对方击至两人的接合部位——中路的球时，应由正手击球的选手负责，因为正手较反手威胁大（图6-19）。双打分工不是固定不变的，两人可在以上基本分工方法的基础上，依据战术需要视情况灵活调整。

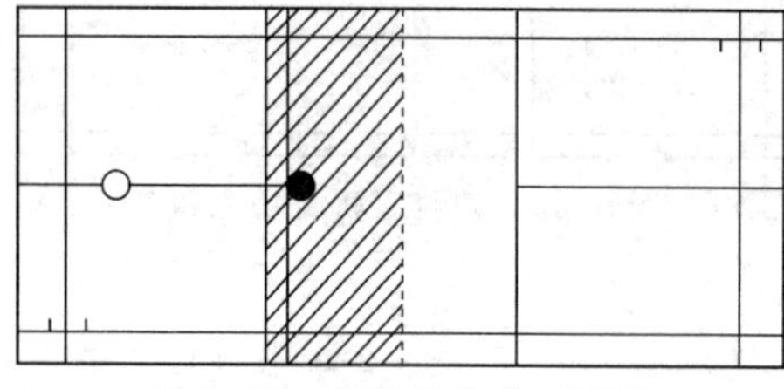

图6-18　前后站位分工区域

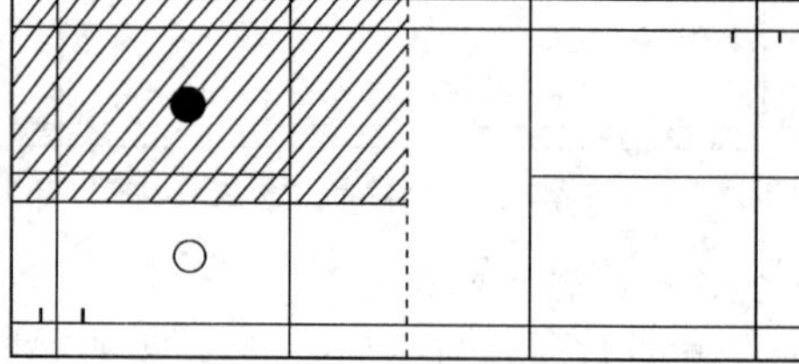

图6-19　平行分边站位分工区域

二、双打战术

（一）攻中路战术

当对方一左一右分边站位时，要尽可能把球攻到对方两人之间的空当区域，造成对方因为争抢回击球而发生碰撞，或相互让球而出现漏接失误。这是对付配合较差选手的有效战术。攻半场战术是攻中路战术的另一种形式。当对方两人一前一后站位时，可将球回击到对方两人前后之间靠近边线位置的半场区域，造成对方抢接或漏接现象（图6-20）。

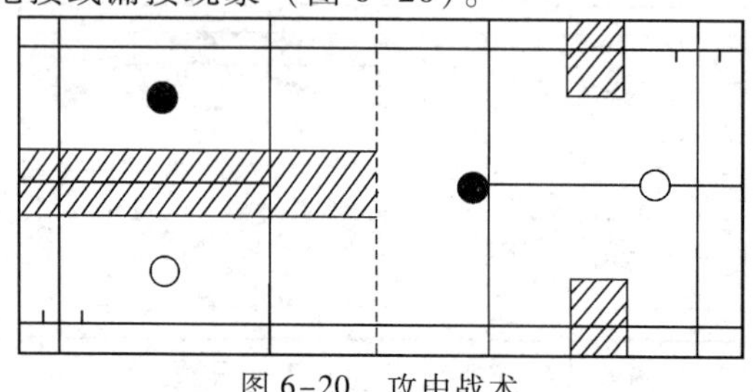

图6-20　攻中战术

（二）攻人战术

集中优势盯住两人中的一人攻击，伺机再突击其他空当，就是攻人战术。在具体运用攻人战术时可采用多种攻击方法。

先盯住双打组合中技术水平相对差的一方打，不让其有喘息的机会，直到得分为止。如果对方已经发现我方的战术意图，加强了弱者一方的保护，这时可采用先盯住弱者打几拍后，又突然改攻强者一方。因为强者为保护弱者已将注意力集中在弱者一方，此时再反过来攻击强者会收到很好的效果。另外，还可以先集中力量对付对方强者，消耗其体力，削弱其战斗力后又伺机进攻弱者一方或突击其空当也能奏效。

总之，战术的运用不是一成不变的，必须根据当时情形灵活运用，才能奏效。

（三）后杀前封战术

后杀前封战术是双打中最常见的进攻战术。当取得主动进行强攻时，一人在后场大力杀球，另一人在网前抓住对方有可能回球的线路，有意识、有目的地准备封网，这就是后杀前封战术。运用这种战术时，后场选手要注意进攻的落点和位置。网前的封网选手应根据其同伴进攻的路线，思想上积极地、有意识地主动出击，去封住对方的出球路线，切忌消极地等待。一般情况下，当后场选手杀大对角线、中路或小对角线时，前场封网选手都应将判断来球的重点放在对方回直线球的位置上（图 6-21）。

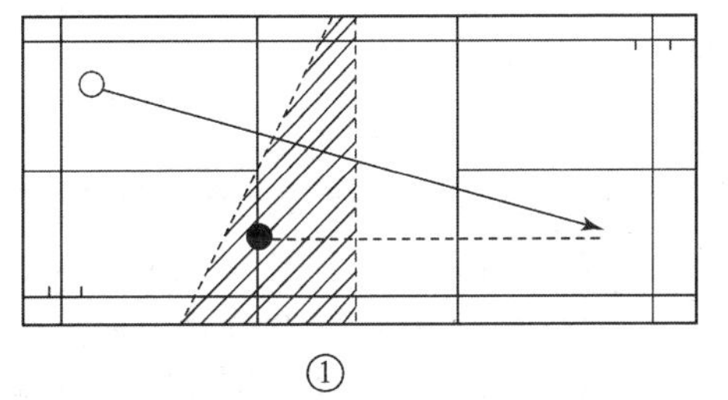

①

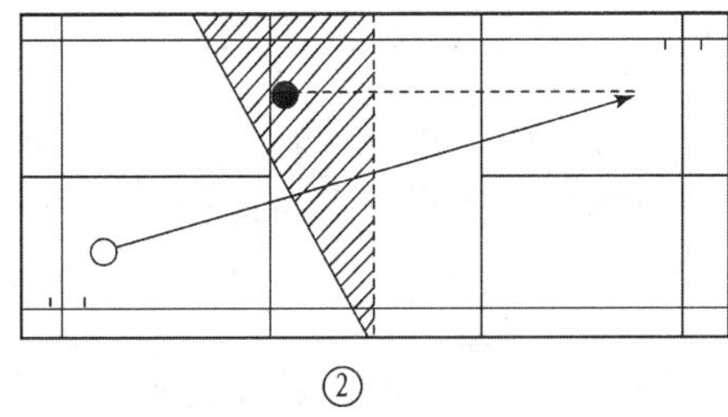

②

图 6-21　后杀前封战术

（四）守中反攻战术

守中反攻战术是一个对付对方后场进攻能力较差选手的战术，为消耗对方的体力也可采用这种战术。其特点是通过拉后场底线两角诱使对方在左右移动中进攻，我方通过防守伺机进行反攻，以后发制人。但要想使这种战术成功，前提是我方需具备一定的防守能力，能防住对方的进攻才行。

第三节　羽毛球的战术练习及运用

一、羽毛球战术练习原则

“以我为主、以快为主、以攻为主”是羽毛球比赛战术的基本原则。比赛中无论我们运用何种战术，都不能脱离这个原则。

（一）以我为主

根据自己的技术特长、身体、心理素质特点来选择战术，不受对方某一战术影响而放弃自己的特长优势。积极主动地调动对方，以把握全局。

（二）以快为主

以快为主，一方面指在比赛中战术运用变化要“快”，即根据对方的特点，及时调整并改变相应的战术，善于抓住有利战机，如快速进行进攻转防守、防守转进攻、进攻转过渡和过渡转进攻的转换。另一方面指技术动作完成要“快”，即上肢出手击球动作快，下肢步法起动、移动和回动动作要迅速。

（三）以攻为主

主动快速的进攻是羽毛球运动发展的基本方向。在此赛中，虽然要强调进攻的主导思想，但是双方的攻守是依据一定的条件相互转变的。因此，以攻为主是指在防守时要积极地防守，要有防守转进攻的思想。

二、羽毛球战术运用

（一）战术意识要强

战术意识是指选手在比赛过程中能通过一定的观察、判断，并根据当时的情形，合理地、有预见性地、灵活准确地选择自己行动的一种能力。在比赛中头脑清楚，观察、分析、判断能力强，该进攻时，不打防守球路，坚决地组织进攻；该防守时，不盲目地进攻，同时还要争取积极地转防守为进攻；该过渡时，大胆地采用过渡技术。在场上错综复杂的形势下，善于观察对手一丝一毫的变化，熟知对手所采用的战术，准确、灵活、迅速地调整我方的战术。例如，发现对手体力不支，我方就不必强攻，而采取耐心拉吊四方球，加速拖垮对方；发现对方信心不足，应抓住战机，发起攻势，从气势上压倒对手；发现对手的某一绝招对我方很有威胁，如后场正手起跳突击点杀对角频频得分，我方就要采取措施，限制对方这种技术的发挥。我们可以在被动的情况下尽量不给对方正手后场这一点的球，或是在主动时争取先调动对方到其他点上，避开他的注意力，再给他正手这一点的球，不让他发挥这一特长。如对方吊杀下压控制前场战术很成功，速度很快，我方难以招架，这时我方可争取先将球下压，不给对方回球机会，或是依靠改变击球的节奏来限制对方速度的发挥，以此来打乱对方的战术目的。

（二）以稳取胜

在比赛中，常常会出现一种急于求成的思想，就是无论自己是处于主动还是处于被动的情况下，只要稍有机会就想将对手置于死地，一拍结束战斗。通常不惜冒险地将球拼命击至最靠近边界的区域，或是将弧度不是很高的球拼命下压。在这样的指导思想下打球，结果往往是因为对击球质量要求过高而将球击下网或是将球打出边界，造成自己无谓的主动失误。据不完全统计，无论是初学者还是专业选手，在比赛中自己被逼失误或是自己无谓的主动失误而失分的情况远远多于被对方置于死地直接得分的情况。在这种情形下，比赛的胜负常常取决于谁“自杀”得少些。事实上，即使是高水平的比赛，仅靠一两拍就将你的对手置于死地是不可能的，因为对手也是训练有素的，他也在拼命地想守住你的球，顶住你的进攻。所以，谁能做到摆正自己击球的指导思想，“稳”字当头，以稳取胜，不主动失误，就把出错的机会留给了对手，让对方多一次机会去“自杀”。简言之，谁能做到失误少，谁就将取得比赛的胜利。

（三）相持不手软

羽毛球个人项目的特点，决定了比赛中选手本身需要具有较强的独立作战能力，在错综复杂的竞赛中，除了正确选择技术、战术外，还要有正确的思想作保障。

（1）对待技术水平比自己差的对手。比赛一开始就全力以赴，积极主动地压着对方打，不让对方有一刻的喘息机会，直到比赛结束。要防止出现比赛前不重视对方，产生轻敌麻痹的思想，或是比赛开始时很重视，进行一半后就放松，使对手有转败为胜的机会。

（2）对待技术水平比自己强的对手。认真准备，全力以赴，不畏强，不畏难，敢打敢拼。比赛开始要争取在气势上压倒对手。

（3）对待技术水平与自己相当的对手。与这样的对手比赛，除了技、战术的较量外，还是一场心理、意志、体力的较量。首先，思想上要做好最艰苦的准备，沉着应战，充满必胜的信心。其次，在比赛中应处理好三种情况，第一种情况是受对方控制，我方很被动，打得极不顺手，在比分落后的情况下，不要灰心，不要气馁，努力扭转被动局面。可以利用捡球的间隙，及时分析不顺的原因，根据对方的战术相应地调整改变我方的战术。第二种情况是自己的战术得当，比分遥遥领先，打得十分顺手，这时要继续放开手脚，敢打敢拼，决不手软，坚持进攻奏效的战术，直至夺取比赛的最后胜利。第三种情况是竞赛双方比分相持不下，打得很激烈，在这种关键时刻，就要看谁能够顶得住，谁的意志坚强，谁能够坚持下来，谁就能取得比赛的最后胜利。因此要沉得住气，一分一分咬住，坚持到最后。

（四）以己之长，攻彼之短

无论采用何种战术，都应以自己的特长来攻击对方的薄弱之处。比赛前发现对方某一技术较差，我方就应该利用这一弱点。但如果对方已注意到了这一点，我方还一味地攻其此点，必然会徒劳无功。所以，在运用战术时必须虚虚实实，不断变化，效果才会好。相反，如果我方的特长技术被对方注意了，就要尽快采取措施，暂时改变自己的特长打法，迂回一下，以摆脱对方。否则还一味坚持此打法，优势将会变为劣势，主动就会变为被动。

（五）随机应变

球类比赛场上的情况是千变万化的，为此，对战术的运用也必须有随机应变的能力。在比赛中，选手除了要坚持既定的战术之外，还要不断地检验战术的效果。如果在比赛时频频得手，打得很顺手，就应当将战术坚持下去；如果双方僵持不下或本方比分逐渐落后，就应尽快找出原因，改变对策，制定新的战术。例如，本方原以打网前球为主，交手后对方主动靠前站位保护前场，这时，本方就应一改初衷，去压对方的后场。又如，本方原想实行打杀、吊、上网为主的战术，面对出色的防守，就不妨改用打四方球战术，以准确的落点来调动对方的站位，使其被动后，再实施进攻战术。另外，当自身的特长打法被对方的战术所遏制时，还可以采用辅助打法去摆脱对方，使其战术失效。总之，只有根据临场情况随机应变，才能保证在比赛中经常处于主动地位。

第四节　羽毛球的打法及其选择

羽毛球的打法，是指根据球员个人的技术情况、身体素质、思想意志等条件而培养形成的具有个人特点和风格的打羽毛球的方法。打法与战术虽不能等同，但相互间有着密切的联系。打法和战术的基础是技术，而技术的不断发展，又能促进打法和战术的更新和提高。

一、单打打法

（一）压后场底线

压后场底线打法是一种以高球压对方后场底线，迫使对方后退，然后寻找机会以大力扣杀或吊网前空当争取得分的打法。这是初学者必须学会的基本打法，运用这种打法对付后退步法较慢或基本技术掌握较差的对手十分有效。后场时，不论是高远球还是平高球，都要压得狠、压到底，如果压后场软绵无力且达不到底线，则易遭受对方的攻击，致使这种打法失效。

（二）打四方球

打四方球是以高球或吊球准确地将球落到对方场区的四个场角，调动对方前后左右跑动，打乱其阵脚，在对方来不及回中心位置或回球质量较差时，向其空当部位发动攻击。这种打法对步法移动较慢、体力较差的对手较为有效。它要求球员本身有较强的控制球的能力和快速、灵活的步法，以及较强的进攻能力。

（三）快拉快吊

快拉快吊是以平高球快压对方后场两底角，配合快吊网前两角，吸引对方上网。以网前搓球、勾对角球结合推后场底线，迫使对方在跑动中被动回球，加速疲劳，从而为本方创造中后场大力扣杀或网上扑杀机会。这是一种积极主动、快速进攻的打法。它要求球员有较全面的攻守技术，且手法准确熟练，步法快速灵活。

（四）后场下压

本方在后面扣杀对方击来的高远球时，结合吊球，迫使对方被动挡网前或放网前球，这时可趁机主动快速上网搓球、推球，创造进攻机会，再以重杀或劈杀结束战斗。这是一种全攻型的打法，具有先发制人、快速凶狠等特点。它要求球员体力好，连续大力扣杀的能力强，脚步移动快而积极。

（五）守中反攻

守中反攻打法是利用拉、吊四方球及防守中的球路变化，调动对方，伺机反攻。此打法较适合本身进攻能力不强，但防守技术较好，反应较快，身体灵活且身材较矮的选手。

二、双打打法

（一）快攻压网

快攻压网是从发球抢攻开始，以左、右分边站位，平抽平打快速杀球为主，压在前场进攻。这种打法要求球员要有较好的半场平抽打技术和较强的封网意识，力争在前场结束战斗。

（二）前场打点

前场打点法是通过网前搓、勾对角及推半场球或找空隙进攻，打乱对方站位，创造后场进攻机会。它要求球员有精巧的网前技术。

（三）后攻前封

后攻前封打法是两球员基本保持前后站位，后场逢高球就下压，当对方回球到前半场或网前时，即予以致命的扑杀。这种打法要求站在后场的球员具有连续扣杀的能力，站在前场的球员具有较强的封网意识和技术。

（四）抽压底线

抽压底线打法以快速的平高球或长抽球压住对方底线两角，即使在对方扣杀时也能以平抽反击或挑高球打到对方两底角来调动对手，伺机进攻。它要求球员具有较强的防守能力和较好的底线平抽球技术。

三、打法的选择

选择羽毛球的打法需要注意自身的以下几个因素。

（一）身体条件

一般来讲，身材的高矮、力量的大小、体力的好差、机体灵敏反应程度，等等，都可影响到打法的选择。例如，身材较高、力量较大的人应以攻击性较强的后场下压打法为主；身材不高，但体力好、身体较灵活者，应以守中反攻的打法为主。

（二）技术掌握情况

基本技术掌握较全面、攻守技术较好者，应以快拉快吊打法为主；杀球技术掌握得很好，且杀球有力、落点控制较好，网前技术也不错者，则以后场下压、上网控制网前的打法为主；控制球的能力较强，且有耐心者，则可选择打四方球；防守技术掌握得很好，且步法灵活、移动快，则可选择守中反攻的打法。

（三）性格和气质特点

性格外向，且气质类型又为胆汁质者，较适合于选择全攻型的打法；性格内向，气质类型又为黏液质者，宜选择打四方球，或守中反攻的打法；性格属中间型，气质类型为多血质和黏液质混合型者，则以选择攻守兼备的快拉快吊的打法较好。另外，还应针对不同的对手采用不同的打法，以扬己之长，克彼之短。

以上各因素，对选择打法的影响并不是单一孤立的，更不是绝对的。它们互相适应，互为补充。例如，身材虽较高，但性格内向者，选择防守型的打法也会占先；个子虽不高，但弹跳力强、步法移动快速灵活、杀球技术很好，且性格又外向者，选择攻击型的打法常能取得主动。总之，选择的打法类型应倾向于使自己各方面特点都能充分地得以显示为好，切不可不顾自身特点，更不能机械地模仿别人。

思考题

1. 羽毛球单打比赛中战术有哪些？
2. 羽毛球双打比赛中战术有哪些？
3. 如何形成自己的战术打法？
4. 在比赛中如何限制对手？

第七章　羽毛球的竞赛规则

章前导言

竞赛规则是组织和举行羽毛球比赛的依据，也是羽毛球比赛得以顺利举行的保障。羽毛球竞赛对羽毛球运动的普及和运动水平的提高都具有重要的意义。通过了解和学习羽毛球裁判法能够更深入地认识和理解羽毛球运动，还可以帮助我们按照科学的方法组织竞赛。

学习目标

1. 了解羽毛球比赛的竞赛项目。
2. 了解羽毛球比赛中的违例与罚则常识。
3. 学习羽毛球比赛规则。

关键词

竞赛　规则

第一节　羽毛球的竞赛项目

羽毛球竞赛项目可分为单项赛和团体赛两大类，在一次比赛中还可以以年龄分项目组，以专业和业余分项目组。

一、单项比赛

羽毛球单项比赛包括：男子单打、女子单打、男子双打、女子双打和混合双打 5 个项目。

二、团体赛

团体赛包括：男子团体、女子团体、男女混合团体 3 个项目。一场羽毛球团体赛由数场比赛组成，常见的赛制有以下几种：

（一）三场制

（1）每队 2 ~4 人参加比赛：两名单打、一对双打（可由单打运动员兼），共进行 3 场比赛。

（2）比赛场序为：单、双、单（或单、单、双）。

（3）决胜方式：采用三场两胜制，亦可赛完 3 场后以获胜场数多者为胜队。

三场制比赛一般是在每队的人数较少时采用，容易吸引较多的人参加。

（二）五场制

五场制是羽毛球团体赛中最常使用的比赛类型。

（1）每队 4 ~9 人参加比赛：3 名单打、两对双打（可由单打运动员兼）；混合团体赛为两名单打、3 对双打（可由单打运动员兼），共进行 5 场比赛。

（2）比赛场序为：单、单、双、双、单（或单、单、单、双、双）。

（3）混合团体比赛场序为：男单、女单、男双、女双、混双。

（4）决胜方式：采用五场三胜制，亦可赛完 5 场后以获胜场数多者为胜队。

第二节　羽毛球的比赛规则

一般采用单循环赛和单淘汰赛两种。有时也可以综合这两种比赛方法的优点，采用阶段赛方法，即第一阶段分组循环赛，第二阶段淘汰赛。

一、单循环赛

参加比赛的运动员（队）之间轮流比赛一次，为单循环赛。

循环赛由于参加运动员（队）之间比赛的机会多，有利于相互学习，共同提高，所以能比较正确地赛出名次。但循环赛场数多，比赛时间长，使用场地数量也多，因此，循环赛的人数（队）不宜过多。在人数（队）过多时，可采用分组循环赛的办法。采用分组循环赛时，一般以4~6人（队）分为一组比较适宜。

（一）轮数和场数

在循环赛中，每一运动员（队）出场比赛一次，称为“一轮”。

当人数（队）为偶数时，轮数=人数（队）-1

当人数（队）为奇数时，轮数=人数（队）

场数=人数(或队)×[人数(或队)-1]÷2

（二）顺序的确定

采用“1号位固定逆时针轮转法”。这种方法是1号位置固定不动，其他位置每轮按逆时针方向轮转一个位置，即可排出下一轮的比赛顺序。

例：6人（队）参加比赛的排法如表7-1所示。

表7-1 6人（队）参加比赛的排法

第一轮	第二轮	第三轮	第四轮	第五轮
1—6	1—5	1—4	1—3	1—2
2—5	6—4	5—3	4—2	3—6
3—4	2—3	6—2	5—6	4—5

当人数（队）为单数时，用“0”补成双数，然后按逆时针轮转排出各轮比赛顺序，遇到“0”者为轮空。

（三）决定名次的方法

（1）按获胜场数定名次。

（2）两名（队）运动员获胜场数相等，则两者间比赛的胜者名次列前。

（3）3名（队）或3名（队）以上运动员获胜场数相等，则按在该组比赛的净胜局数定名次。

（4）计算净胜局数后，如还剩两名（队）运动员净胜局数相等，则两者间比赛的胜者名次列前。

（5）计算净胜局数后，还剩3名（队）或3名（队）以上运动员净胜局数相等，则按在该组比赛的净胜分数定名次。

(6) 计算净胜分数后，如还剩两名（队）运动员净胜分数相等，则两者间比赛的胜者名次列前。

(7) 如还有三名（队）或三名（队）以上运动员净胜分数相等，则以抽签定名次。

(8) 团体赛按以上规定，依盘、场、局、分顺序计算成绩。

(四) 分组循环赛与种子的分布

在参加人数（队）较多的情况下，为了不过多增加比赛的场数和延长比赛的日期，又能排定各队的名次，常采用分组循环赛的办法。组数确定后，可用抽签的方法进行分组，也可采用“蛇形排列方法”进行分组。例如，以团体赛16个队分成4组为例，则按如下分组：

第一组1，8，9，16。

第二组2，7，10，15。

第三组3，6，11，14。

第四组4，5，12，13。

各组中的数字是各队的顺序号，它是按照各队实力强弱排列的。也就是说，数字越小，实力越强，数字号码相当于该队的名次。例如，全国羽毛球锦标赛，就是按上一年锦标赛的名次蛇形排列分组的。

用抽签方法进行分组时，如仍以上述16个队为例，则须先确定4个或8个“种子”队，把“种子”顺序排列出来，然后按上述“蛇形排列方法”或“抽签方法”进行分组。最后非“种子”队用抽签方法抽进各组。

二、单淘汰赛

运动员（队）按编排的比赛秩序，由相邻的两名运动员（队）进行比赛，败者淘汰，胜者进入下一轮比赛，直至淘汰成最后一名胜者（队）——冠军，比赛即告结束。由于淘汰赛比赛一轮淘汰一半的运动员（队），可使比赛的场数相对减少，所以在时间短、场地少的情况下，采用单淘汰赛能接受较多的运动员（队）参加比赛，并可使比赛逐步走向高潮，一轮比一轮紧张激烈。按体育竞赛的特点来说，淘汰赛是一种比较好的比赛方法。但由于负一场就被淘汰，所以大部分运动员或队（特别是实力较弱的）参加比赛的机会较少，所产生的名次也不尽合理。

(一) 轮数和场数

单淘汰赛的轮数等于或大于最接近运动员人（队）数的2的乘方指数，是2的几次方即为几轮。

$$场数=人（队）数-1$$

（二）轮空位置的分布

每当参加比赛的人（队）数为4、8、16、32、64或较大的2的乘方指数时，他们应按比赛顺序成双相遇地进行比赛，如下所示：

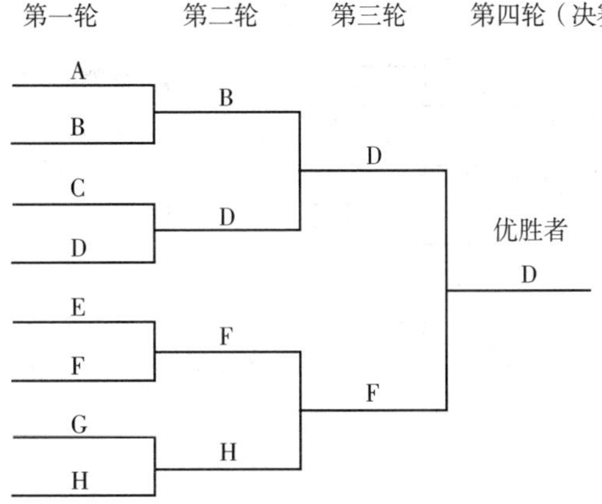

当参加比赛的人（队）数不是2的乘方指数时，第一轮应有轮空。轮空数等于下一个较大的2的乘方指数减去比赛的人（队）数的差数。轮空数为双数时，应平均分布在比赛表的顶部和底部，上半区轮空位置的顺序应从上往下排，下半区轮空位置的顺序应从下往上排；如轮空位置为单数，则上半区应比下半区多一个轮空。

例如：9个单位参加比赛，轮空数为16-9=7；4个轮空在上半区，3个轮空在下半区。这样，第一轮只有一场比赛。如下所示：

5人（队）比赛，2个轮空在上半区，1个轮空在下半区；

6人（队）比赛，1个轮空在上半区，1个轮空在下半区；

7人（队）比赛，1个轮空在上半区；

8人（队）比赛，没有轮空；

9人（队）比赛，4个轮空在上半区，3个轮空在下半区；

10人（队）比赛，3个轮空在上半区，3个轮空在下半区；

11人（队）比赛，3个轮空在上半区，2个轮空在下半区；

12人（队）比赛，2个轮空在上半区，2个轮空在下半区；

13人（队）比赛，2个轮空在上半区，1个轮空在下半区；

14人（队）比赛，1个轮空在上半区，1个轮空在下半区；

15人（队）比赛，1个轮空在上半区，下半区没有轮空；

更多的人（对）数，参加比赛依此类推。

64人（队）以下时，应把轮空位置平均分配到8个不同的1/8区。65人（队）以上时，应把轮空位置平均分配到16个不同的1/16区。

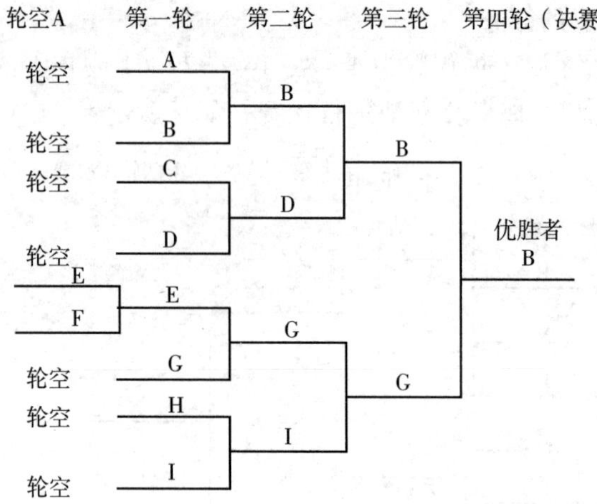

（三）抽签办法

1.“种子”数

72个（队）或72个（队）以上运动员（队）参加的比赛，最多设16个种子分布在各个1/16区；32个（队）或32个（队）以上运动员（队）参加的比赛，最多设8个种子分布在各个1/8区；16个（对）或16个（对）以上运动员（队）参加的比赛，最多设4个种子分布在各个1/4区；少于16个（队）运动员（队）参加的比赛，最多设2个种子分布在各个1/2区。种子采用抽签办法进位。

2.“种子”的抽签

任何公开比赛都要执行“种子”均匀分布的原则。

（1）只有2个“种子”时，第一号在1号位，第二号在最后的号位。

（2）有4个“种子”时，第一号和第二号按上述办法定位，第三号和第四号用抽签办法分别进入第二个1/4区的顶部和第三个1/4区的底部。

（3）有8个“种子”时，第一、二、三和四号按上述办法定位，其他“种子”用抽签分别进入还没有抽进“种子”的各个1/8区内。抽进上半区的，应在第二、第四个1/8区的顶部；抽进下半区的，应在第五、第七个1/8区的底部。

（4）同一队的两名“种子”选手，应抽进不同的1/2区；同一队的三名或四名“种子”，应抽进不同的1/4区；同一队的五至八名“种子”，应抽进不同的1/8区。

3. 一般运动员的抽签同属一个队的运动员，应按以下办法抽签进位

（1）第一、二号选手，分别进入不同的1/2区。

（2）第三、四号选手，分别进入不同的1/2区中没有同队选手的1/4区。

（3）第五至八号选手，分别进入不同的1/2区中没有同队选手的1/8区。

任何级别的比赛都要遵照这些规定执行。以17人（队）参加比赛为例。比赛表中第一轮，上半区轮空位置应为1号至8号，下半区轮空位置应为11号至17号。第一、二号种子分别定位在1、17号位，第三、四号种子用抽签分别进入5号和13号位。

以33人（队）参加比赛为例。第一、二号种子分别定位在1号和33号位。第三、四号种子用抽签分别进入9号和25号位。第五、六、七、八号种子用抽签分别进入5号，13号，21号和29号位。

（四）附加赛

单淘汰赛只能产生第一、二名，如果比赛需要排出第一、二名以后的若干名次，则需要另外再增加几场比赛，增加的这几场比赛称为附加赛。附加赛的比赛秩序如下表中的“虚线”部分。

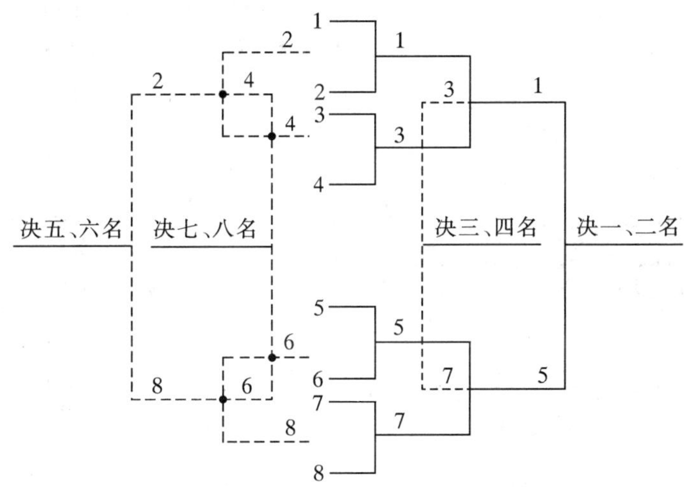

（五）预选赛

遇参加比赛的运动员超过64人（队）时，建议竞赛组织者在竞赛委员会或裁判长监督下进行争夺参加正式比赛资格的预选赛。

（1）未被直接安排参加正式比赛的运动员，将参加竞赛组织者安排的，旨在进入正式比赛规定位置的预选赛。

（2）建议在正式比赛的抽签位置中，每8个位置最多只能安排一个获得进入正式比赛资格的运动员。

三、羽毛球比赛的计分方法

国际羽联于2006年5月在日本东京举行的年度代表大会上，正式决定实行21分的新赛制。2006年5月在日本东京举行的汤姆斯杯和尤伯杯赛上率先试行3局21分的赛制。这一赛制将成为此后所有羽毛球国际大赛的通用赛制，第29届奥运会也采用了这一赛制。21分的赛制对于提高运动员的积极性、减少运动员受伤以及电视转播等方面较15分制有更大的优势。

世界羽联21分制实行每球得分制，所有单项的每局获胜分皆为21分，最高不超过30分。每场比赛采取三局两胜制，先到21分的一方赢得当局比赛。如果双方比分为20平时，获胜一方需超过对手2分才算取胜；双方比分打成29平时，先得到第30分的一方获胜。首局获胜一方在接下来的一局比赛中先发球。

四、发球

（一）发球权

在一场比赛开始前，采用挑边的方法（抛硬币）来决定比赛开始时的发球方和场区。发球运动员如果连续得分，那他就一直拥有发球权。如果发球运动员“违例”或被“打死”，即“死球”形成，则就失去了这一发球权。

1. 单打比赛

首先，发球方站在右发球区发球，发球方胜该回合，得1分，并换到左发球区继续发球，连胜连发球，直至发球方输，就换由对方发球。

2. 双打比赛

每局比赛开始的发球方，只有一次发球权，即由站在右发球区的球员发球，如果胜了该回合，得1分，并换到左发球区该球员继续发球，输了就换由对方站在右发球区的球员发球，从此以后每方每个球员都有一次发球机会。

（二）合法发球

发球时，发球员和接发球员都必须站在斜对角各自的发球区内发球和接发球。发球区的前发球线距网仅1.98米，为了防止发球员在如此近的距离做出进攻性的发球，羽毛球竞赛规则对发球员的发球做了严格的限制。以下为发球员在发球时的违例。

1. 脚违例

脚违例是指发球时，发球员没站在发球区内，脚踩到或触及发球区界线或在发球的过程中脚移动或离开地面。

2. 没先击中球托

没先击中球托是指发球员发球击球时，球拍先击中羽毛或同时击中羽毛和球托。这条规则的制定，主要是不允许发球员使用球拍的拍面切击球的羽毛部分，使球在飞行时带有旋转和翻滚，俗称“旋转飘球”。

3. 发球过腰

发球员的球拍在击中球的瞬间，球的任何部分必须低于发球员的腰部。这是不让发球员在过高的击球点把球平击过去。

4. 发球过手

发球员的球拍在击中球的瞬间，球拍的拍杆必须向下，整个球拍的拍头必须明显低于发球员的握拍手部。这就迫使发球员发出的球是以向上的角度飞越过网。

5. 延误发球

当发球员和接发球员都站好各自的位置，做了发球和接发球的准备后，发球员迟迟不将球发出，或发球员的挥拍动作不连贯或有停顿，使发球带有假动作的效果，对接发球员产生不利的影响。

6. 发球时

发球员做了挥拍动作，但未击中球，球落地上，也作违例处理。

五、发球裁判员的职责

当发球裁判员认定，发球员在发球时，出现了以上的违例情况时，立即大声报“违例”，并以相应的规范手势表明是何种发球违例（裁判员手势见本章节附录）。

六、违例

比赛中如发球方被判“违例”，则失去一次发球权；接发球方被判“违例”，发球方得 1 分。以下为各种违例：

1. 发球不合法。
2. 球落在界线以外（球压线为界内球）。
3. 球碰屋顶或场地外的障碍物。
4. 球不过网或从网下过入对方场区。
5. 运动员的身体或衣服被球击中。
6. 球碰运动员的球拍后继续向该运动员的后场飞去。
7. 运动员的球拍、身体或衣服触及网或网柱。
8. 运动员的身体或球拍从网下侵入对方场区，并影响对方击球。
9. 运动员在网前举拍，以此阻挠对方在靠近网前的击球。
10. 过网击球，即运动员击球时的击球点不在击球员网的一边。
11. 连击，一名运动员连续两次挥拍，两次击中球。或双打比赛时，两名同伴连续各击中一次球。

12. 持球，击球时，球在击球员的球拍上有拖带或停留。

13. 运动员因行为不端被警告后，再犯或犯有严重的行为不端，裁判员可以判该运动员违例。

七、重发球

当有重发球产生时，原回合不算，由原发球员重新发球。以下情况应作为重发球：

1. 除发球外，球过网后，挂在网上或停在网顶。
2. 发球时，发球员和接发球员同时被判违例。
3. 发球员在接发球员未做好准备时，把球发出。
4. 球在飞行中，球托与球的其他部分完全分离。
5. 裁判员不能作出判决时。
6. 出现意外情况。

八、交换场区

为了使比赛双方在场地条件上机会均等，在以下情况时双方需要交换场地：

1. 在第一局比赛结束时，双方应交换场地。
2. 如果局数打成 1∶1，在第三局开始前双方应交换场地。
3. 在第三局比赛中，当领先的一方比分达到 11 分时，双方也应交换场地。
4. 如果运动员未按规定交换场区时，裁判员也忘记了，一经发现应立即交换，已得分数有效。

九、比赛连续性、行为不端与处罚

为使比赛公正合理地在良好的体育道德精神氛围中进行，羽毛球竞赛规则对犯有破坏比赛连续性和行为不端的运动员做以下的处罚：

1. 裁判员对第一次违犯者，给以警告。裁判员出示“黄牌”。
2. 裁判员对警告过又再犯的一方或严重违犯的一方判“违例”。裁判员出示“红牌”。
3. 裁判员对已判“违例”又再犯的一方，报告裁判长，裁判长把“黑牌”交裁判员，由裁判员出示。

第三节　羽毛球的比赛用表

一、羽毛球团体赛出场名单

（　　）子团体赛出场名单

组别：________ 日期：________ 时间：________ 场号：________

________队对________队

顺序	运动员姓名

队名：____________ 教练员签名：____________

二、混合团体赛出场名单表

混合团体赛出场名单

组别：_______日期：_______ 时间：_______ 场号：_______

________队对________队

顺序	运动员姓名
男子单打	
女子单打	
男子双打	
女子双打	
混合双打	

队名：____________教练员签名：____________

三、羽毛球团体赛计分表

（　　）团体赛积分表

队________
对
队________

阶段	组别（位置号）	日期	时间	场号

单位 / 姓名 / 项目		队	队	每局比分			每场结果	裁判员签名
				1	2	2		
1				/	/	/		
2				/	/	/		
3				/	/	/		
4				/	/	/		
5				/	/	/		

比赛结果：__________　获胜队__________

第________裁判组长签名：____________

羽毛球比赛裁判的手势图解

一、裁判员的具体手势（图 7-1 至图 7-5）

图 7-1　第二发球、连击

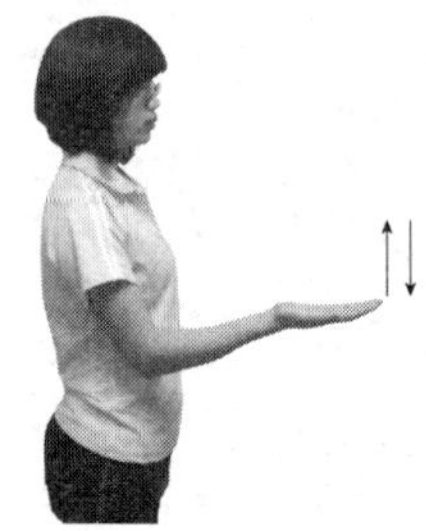

图 7-2　持球、拖带

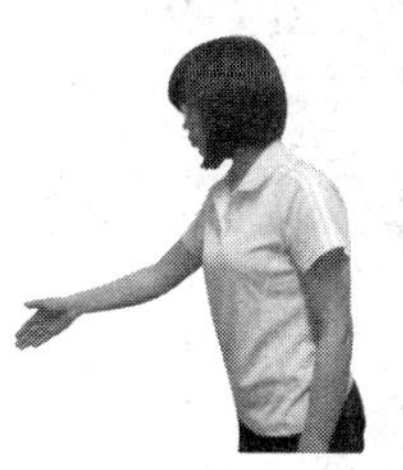
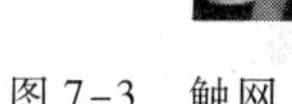

图 7-3　触网

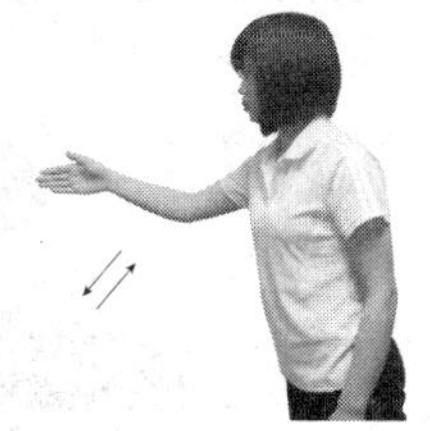

7-4　过网击球

图 7-5　交换场地

二、发球裁判的手势要求

（1）发球击球瞬间，球拍杆未指向下方，整个拍头明显高于发球的整个握拍手部，即出现发球过手（图 7-6）；

（2）击球瞬间，球的整体未低于发球员的腰部（图 7-7）；

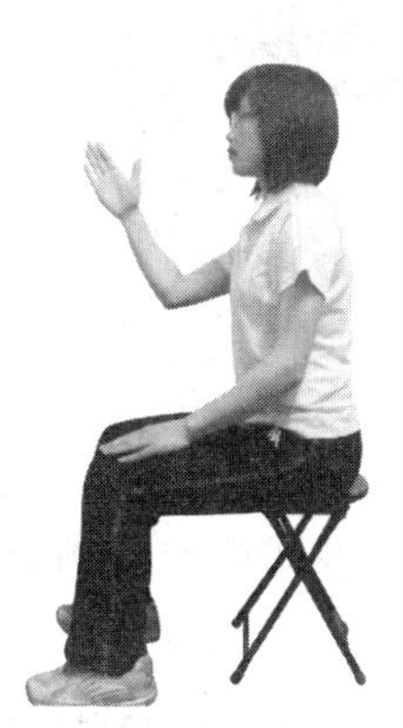

图 7-6

图 7-7

（3）不正当的延误的击出。一旦双方站好位置，发球员球拍第一次向前挥拍即为发球开始，挥拍必须继续向前（图 7-8）；

图 7-8

（4）发球击出前，脚不在发球区内、触线或移动（图 7-9）；

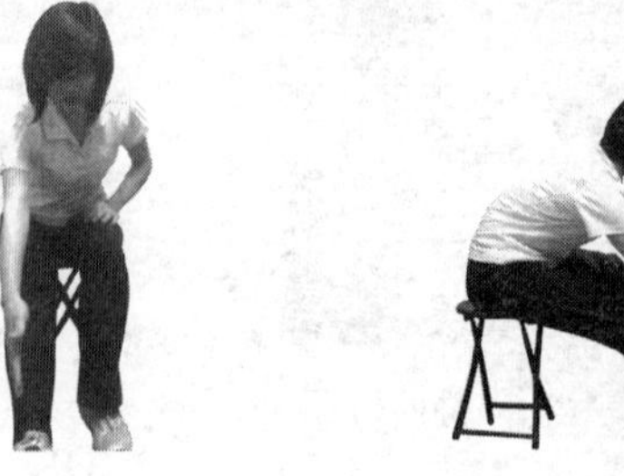

图 7-9

（5）最初的击球点不在球托上（图 7-10）。

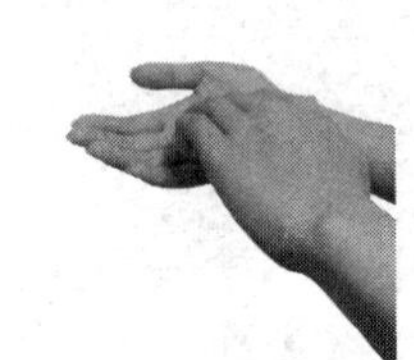

图 7-10

三、对司线员的要求

（1）司线员应坐在他所负责的延长线上，最好面向裁判员，在实际安排时，司线员的位置与场地的理想距离约 2.5 米至 3.5 米。

（2）当球落在界外，除大声清楚的报“界外”，同时双臂侧举，手势不要做得太快，使裁判员能看清楚，界外手势大概保持 2 秒（图 7-11）。

（3）如果球落在界内，只用手指向界内，只需做动作，无需出声（图 7-12）。

（4）如果视线被挡住，应立即举起双手，盖住眼睛（图 7-13）。

图 7-11

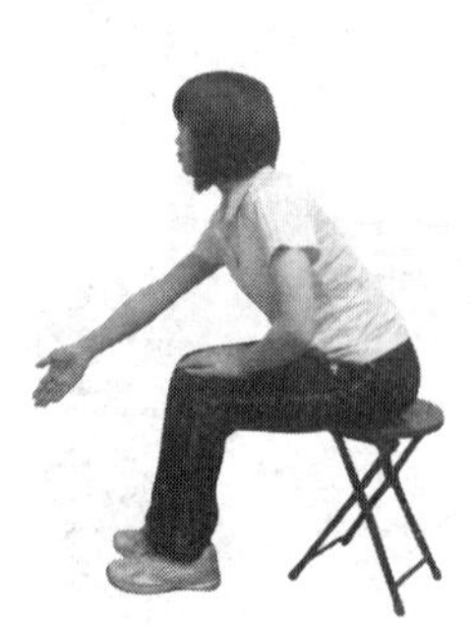

图 7-12

图 7-13

思考题

1. 羽毛球比赛中判罚违例的几种情况?
2. 试举例说明羽毛球比赛中的违例现象。
3. 羽毛球比赛中有几种情况会被判重新发球?

第八章　羽毛球运动欣赏

章前导言

双方在羽毛球运动中所表现的坚强斗志、潇洒作风和优美的造型，极具观赏的作用。特别在比赛中，运动员凌厉的攻势、严密的防守，致使赛场高潮迭起，扣人心弦，使观众赞叹不已，并获得阵阵掌声。至于身如满弓般的扣杀，犀牛望月似的海底捞月，无一不是在展示力与美，观众像在吟诵一首动人的诗，浏览一幅悦目的画，不禁令人心旷神怡，流连忘返。

学习目标

1. 羽毛球运动欣赏的本质和意义。
2. 羽毛球运动欣赏的内容。
3. 羽毛球运动欣赏能力的培养。

关键词

羽毛球　欣赏

第一节　羽毛球运动欣赏的意义

一、享受生活乐趣

羽毛球运动的欣赏，从美学角度看，实际上是一种审美活动，人类的审美活动是源远流长的。人类懂得创造美、欣赏美。考古学家们在发掘太古人类生活过的洞穴时，发现了可以表明石器时代的人类就已经知道和爱好美的装饰物。也就是说，原始社会人类就开始了美的活动。因为一切美的事物，都能使人产生一种美的感受，这就是人们常说的美感。所谓美感，是人们对审美对象进行审美后所得到的一种愉悦的心里感觉。美感人皆有之，但是因为时代环境、风俗习惯、文化教养的不同，因而审美现象也十分复杂。羽毛球运动展现人的形体美、健康美、节奏美、动作美、心灵美……都能使人们产生一种愉悦的心理感受。所以说，通过羽毛球运动的观赏，能使人得到一种愉悦的精神享受，为生活增添无穷乐趣。

二、品尝体育文化

通过对各种羽毛球比赛的观赏，甚至参与，可以帮助人们加深对羽毛球运动的了解，充实对羽毛球运动的认识。特别是在当今科学技术发展日新月异的时代，人们把体育视为“科技之窗”，也有人将体育说成是“世界文化”，是一种特殊的“国际语言”。这需要我们去细细品味，这是体育文化的内在表现。

体育文化的外在表现，则反映在围绕羽毛球等一系列体育竞赛而进行的文化艺术活动中，它包括竞赛期间的文艺演出、绘画展览、火炬接力、新闻报道、电视转播、发行邮票及纪念币等内容。由于这些活动的开展，使色彩纷呈的羽毛球文化形式得以在全世界传播。因此，通过观赏羽毛球比赛，人们既可以了解各种人文景观，又能欣赏独具风采的体育文化艺术表现。

三、陶冶道德情操

良好道德情操的形成，受内部和外部两方面因素的影响。作为外部影响因素，体育竞赛所创造的文化环境是以其特有的价值观念、道德意识和审美情趣，在健康、进取、意志、信念等方面，对人行为施加影响，并为协调人际关系和化解社会矛盾创造有利条件。因此，人们通过观赏羽毛球竞赛，不仅可以体验奥林匹克精神和原则，使自己的行为与社会保持一致性，而且还能从运动员遵守道德、服从裁判、公平竞争等行为表现中，接受道德情操的教育，树立良好的社会风尚。

四、领悟人生真谛

按照自然法则，人类生存与发展都是竞争的结果。体育竞赛中的竞争，其实质是体力、智力和意志力的较量，它对现实生活的启迪，在于为人们提供实现人生价值应具有的信念、勇气和力量。由于这些极具内涵的精神品质，通常更容易在竞技场上得到最形象化的表现，因而通过观赏羽毛球竞赛，在享受运动美感的同时，若能进一步深刻体验运动员在激烈竞争中，为争取比赛胜利而表现的坚定不移、临危不惧和顽强拼搏等优秀品质，内心情感就会发生变化。而由此产生的激励作用，往往可以使人从逆境中奋起，领悟唯有勇往直前、知难也永不退缩，才能实现自身价值的人生真谛。

五、振奋民族精神

凡属重大国际比赛，均规定以国家为参赛单位，为了表达对优胜者的崇敬，且有升国旗、奏国歌、颁奖杯、授奖牌等礼仪。即使以个人名义参加的大型比赛，运动员也总是代表自己的国家。这表明，尽管世界各国的政治观点和生活方式不同，但凡世界性体育竞赛，都直接关系国家与民族的尊严和荣誉，它必然对观众的思想、情感、精神和意志产生巨大的影响，并从本国运动员的胜利中，使民族自尊心得到满足，自信心不断增强，爱国主义情感更加浓厚。但体育竞赛场上的胜负，毕竟又不能与国家的强盛等同起来，如果过于宣传狭隘的民族主义精神，观众面对失败就容易产生逆反心理，反而会导致行为上的越轨。因此，我们对振奋民族精神的认识，是要从体育竞赛的精神内涵中寻求动力，而绝不单纯以胜负论英雄。羽毛球运动以其鲜明的技术风格和富有激情的拼杀，引起人们的广泛关注，吸引着更多羽毛球爱好者的参与，并伴随着每一场的胜负，而雀跃欢呼或捶首顿足，抒发着民族的感情和爱国的热情。

第二节　羽毛球运动欣赏的内容

随着国际羽毛球竞赛的频繁举行和竞赛水平的日趋提高，越来越多的人喜欢亲临赛场或通过电视直播来观看羽毛球比赛。为了帮助学生在日常生活中更好地观赏羽毛球比赛，下面对一些羽毛球竞赛的观赏内容作简要介绍。

一、身体美的观赏

观赏羽毛球竞赛时，首先映入眼帘的是运动员的身体形态。通过对身体美的观赏，可使人产生一种特殊的美感，同时会产生一种生机勃勃的感受。古希腊的“维纳斯”和“掷铁饼的人”的雕塑形象之所以经历几千年而不衰，除其造型艺术价值外，正是身体形态美给人以美的享受。身体美的内容是十分丰富的。它不仅蕴涵着人体的强壮美、体态美、体型美等这些外形的美，同时还包含一些潜在美的因素，如素质美、风度美等。

(1) 体型美是人体结构的类型，主要取决于遗传、环境和营养等因素的影响，但是它可以通过体育锻炼和运动训练加以改造。由于运动项目的特点不同，对运动员的体型也有不同的要求。

(2) 体态美是指人的形体和姿势，表现在比例、匀称、和谐、线条等方面的综合效果上，集中体现在人体的姿态上。

(3) 健壮美表现为肌肉发达、身体魁伟，给人以壮实、充满生命的活力和能量的感觉。

(4) 素质美是通常所说的力量、速度、耐力、柔韧、灵敏等身体素质，它以一种特殊形式存在于身体美之中，运动员在体育竞赛中能将这种美表达得淋漓尽致。

(5) 风度美是指有高尚气质，并且有美的价值的举止。一些运动员不仅运动技术高超，而且仪表端正，风度翩翩，往往给人以高尚、典雅的感觉。

我们由观赏某一运动员的运动技能而扩展到其他方面，他（她）们的性格、爱好、外貌、风度、衣着打扮等都能引起人们的兴趣以至着迷。这种把某个运动员当作自己心中的偶像来欣赏、崇拜的现象很普遍，也是当代大学生茶余饭后谈论的焦点话题之一。

此外，运动员的皮肤色泽、发型和服装都是构成身体美的因素。白里透红或黑里透红的皮肤，美丽相称的运动发型，漂亮、适体、新潮的运动服装，都会使身体美锦上添花。

二、动作美的观赏

在运动过程中，人的形体或部位的造型所展现的美，称为动作美。在羽毛球比赛中，运动员的动作都是在“动”中进行的，所以我们在观赏时，应把动作美放在首要地位。但是，任何运动都是动与静的对立统一，这就要求我们在观赏羽毛球时，对具体的动作要做动与静的考察。在羽毛球比赛中，动作的动、静是相互交替、相互转化的，构成了生动、鲜明、跌宕起伏、引人入胜的场面。

三、技术美的观赏

羽毛球运动员的技术动作是经过长期艰苦训练和多次不断总结创新而形成的，已达到超人预料或接近于完美的程度。高、难、美、新的精湛技术使人赏心悦目，精神上得到极大的愉悦，给人以美的享受。

对技术美的观赏往往是和动作美的观赏联系在一起的，即不仅观赏羽毛球技术的高、难、美、新等方面，还应结合羽毛球技术动作的速度、力量和节奏感等方面来观赏。速度能给观众以注意力的吸引，力量能给观众以震撼和雄心。

四、战术美的观赏

战术美是在复杂多变的羽毛球竞赛中，充分发挥羽毛球运动员的素质和技术特点，在争取胜利中体现出来的一种美。战术在羽毛球竞赛的激烈对抗中，是夺取胜利的法宝和驾驭比赛的灵魂，也是反映羽毛球运动员的知识、技术和心理、智力因素的综合指标。因此，我们在观赏羽毛球竞赛的过程中，要注意运动员如何根据各自的情况，正确地调配力量、扬长避短、克敌制胜。协调一致的羽毛球双打战术配合是运动员经过一定时间的共同训练和比赛逐渐形成的。在高水平的比赛中，有些战术配合已经达到了珠联璧合、天衣无缝的娴熟程度，观后令人拍案叫绝、赞叹不已。

五、风格美的观赏

思想风格美是指羽毛球运动员在羽毛球比赛中所体现的思想品质、道德修养、行为作风等综合的社会意识美。人们在观赏羽毛球比赛时，看到运动员良好的思想风格，也是一种美的享受。羽毛球比赛，实质上是一种复杂的社会活动。因此，在羽毛球比赛中所表现出的各种思想、道德、行为都不是虚构的，而是一种真实的社会行为表现。

技术风格美包括羽毛球运动员在技术、战术上所表现出的特长与特点之美，亦即羽毛球技术、战术风貌和格调上的个性之美。每个羽毛球运动员根据各自的特点和条件，形成了与众不同的风格，构成了自己独特的技术风格之美。

六、意志品质美的观赏

羽毛球赛场上选手每一分的获得都不仅仅是几个漂亮的扣杀动作就能够得来的，这要靠耐心、毅力和勇气等意志品质的搏杀才能够换来。羽毛球运动是一项充满挑战的运动，不仅是向对手的挑战，更是对自己的挑战。运动员的这种坚韧不拔的毅力、团结协作的团队精神，每分必争，每分必夺，坚持到底的意志品质也是我们欣赏的内容之一。

第三节　羽毛球运动欣赏能力的培养途径

羽毛球运动欣赏教育是通过羽毛球美学形象来触动人的感情，使人在心灵深处受到感染，从而感情得以升华，欣赏能力得以提高的特殊教育。实施羽毛球运动欣赏教育，可以使人们在轻松和谐的氛围中得到全面发展。教育应分家庭、学校两个阶段来进行。

一、实施羽毛球运动欣赏教育

（一）家庭羽毛球运动欣赏教育

家庭是人生活、成长的摇篮，对一个人的身心发展具有极其重要的作用，也是人接受羽毛球运动欣赏教育的开端。家庭羽毛球运动欣赏教育主要是通过家人正确的羽毛球运动欣赏观、良好的羽毛球运动欣赏方式来陶冶孩子的心灵，培养孩子的羽毛球运动欣赏能力，使其养成羽毛球运动欣赏的习惯。

家庭羽毛球运动欣赏教育主要是针对学龄前儿童的，所以其特点首先表现为教育形式的形象性。这一时期的儿童对直观的形象接受较快，但理性分析能力较差，所以，他们比较喜欢形象性较强的事物。根据儿童早期发展的这种心理特征，家庭应该充分利用各种形象的事物来实施羽毛球运动欣赏教育。美的羽毛球形象丰富多彩，直观具体，很容易诱发儿童的欣赏兴趣。例如，给孩子展示优美的羽毛球运动画册，看羽毛球运动卡通片等，这些对于培养儿童初步的羽毛球运动欣赏感受力有着重要的作用。其次，家庭羽毛球运动欣赏教育具有自由性特点。要求自由、快乐、和谐是儿童的天性，在家庭内对儿童进行羽毛球运动欣赏教育也必须在自由欢快的情形下进行，而不能采取强制的方式。儿童一般具有好奇、爱动和喜欢无拘无束自由活动的特点。因此，做游戏就成了他们非常乐于接受的施教方式。通过玩各种各样的游戏，可以充分发挥儿童的想象力和创造力。同时，儿童的各种潜在的特长也可以在这种愉快的自由活动中逐渐地发展起来。

（二）学校羽毛球运动欣赏教育

学校是青少年集中学习各种知识的基地，也是接受羽毛球运动欣赏教育的理想场所。

1. 在羽毛球教学中实施欣赏教育

在羽毛球教学中实施欣赏教育，可以培养学生健康的羽毛球欣赏观和对羽毛球美的欣赏能力。具体途径包括：

（1）羽毛球教学环境的美化。教学环境是贯穿于教学过程中，影响教师的教和学生的学的物质因素和人文因素的总和。在教学过程中，如果场地清洁舒适，粉线清晰，运动器材摆放整洁美观，会增加美的感染力，使学生赏心悦目。教师在教学中关心、了解、爱护学生，与学生建立起民主、合作、融洽的关系，也会使学生感到美的存在。教师对学生在活动中显示的欣赏意向及时进行形成性和激励性评价，可使学生增强信心，激发学习的积极主动性。

(2) 教学方法手段的美化。传统的羽毛球教学模式，一般未经过美学加工，平淡乏味，缺乏吸引力，已无法满足现实条件下学生深刻而强烈的欣赏需要。因此，在教学中，教师可以美化教学方法和手段，做到形式多样、有趣味。例如，根据课的内容有效地编排一些节奏流畅、造型优美的羽毛球运动操，或创编一些有趣的羽毛球游戏，使学生在培养良好身体姿势的同时陶冶情操，发展节奏感、韵律感和协调性。

(3) 老师仪表、语言的美化。教学中实施美育，教师本身就成了学生的欣赏对象，其形象至关重要，因此教师要做好表率。在教学过程中，学生对教师讲解示范的理解、感受及美感的产生等，都是通过直观形象作用而实现的，教师应将羽毛球课作为一门艺术，而教师的本身也是艺术化了的对象。“美的东西，总会唤起人的欣赏感情和愉快的情绪”，学生很容易用一种欣赏的心态对待教学，在欣赏美的同时能够主动积极地投入创造美的活动中去。

2. 在课外活动中实施羽毛球运动欣赏教育

学校实施羽毛球运动欣赏教育，课外的羽毛球运动欣赏实践活动是不容忽视的，它是课堂欣赏教育的继续和补充。利用课余时间组织各种各样的羽毛球活动，可以提高学生参与羽毛球运动欣赏实践的兴趣。例如，成立羽毛球俱乐部，举办各种羽毛球比赛等，让学生广泛地接触羽毛球运动的美的形态，并在实践中感受和认识羽毛球运动的美，进而提高自身的羽毛球运动欣赏能力。

二、积极参与羽毛球运动欣赏活动

提高羽毛球运动欣赏能力，仅靠各阶段的羽毛球运动欣赏教育活动是不够的，还必须积极参与各种羽毛球运动欣赏活动，树立起正确的羽毛球运动欣赏观，进而培养羽毛球运动欣赏能力。在欣赏过程中，应注意以下几个问题：

(一) 明确羽毛球运动的宗旨

学习羽毛球不仅是为了强身健体，更重要的是认识自己，通过羽毛球运动看到自己的运动水平和能力，通过羽毛球运动加强与同学和朋友的交流与友谊，通过羽毛球运动学会与人相处。

(二) 树立正确的胜负观

运动场上激烈的竞争和胜负的瞬间转换，常常会引起观众的强烈情感反应。如果观众只注重比赛结果，往往会导致冲突和暴力事件的发生。因此，欣赏羽毛球运动，必须树立正确的胜负观。羽毛球比赛不仅要分出胜负，更重要的是在此过程中展示自己的技术和实力。作为客体的欣赏者来说，羽毛球运动员背后的努力和赛场上的顽强拼搏是我们学习的范例，在生活中也应该有此心态，处理我们身边的事情。

三、主动参与羽毛球运动实践

欣赏各种羽毛球运动的美，必须对相关事物有感性认识，在此基础上才能形成对事物整体的直觉，才能获得更多的欣赏感受。主动参与羽毛球运动实践，在实践中了解各种运动项目的特点和裁判规则，了解各种羽毛球运动设施的结构和功能，是认识羽毛球运动事物的主要途径。在此基础上，综合运用已具备的理性知识和欣赏经验，可以有效提高羽毛球运动的欣赏能力。

思考题

1. 羽毛球运动欣赏的意义有哪些？
2. 从一场高水平的羽毛球竞赛中，能感受到哪些美的内涵？
3. 结合实际谈一谈如何提高羽毛球运动的欣赏能力？

附录一

附表1　大学一年级至四年级男生身高标准体重　（体重单位：千克）

身高段（厘米）	营养不良	较低体重	正常体重	超重	肥胖
	50分	60分	100分	60分	50分
144.0～144.9	<41.5	41.5～46.3	46.4～51.9	52.0～53.7	≥53.8
145.0～145.9	<41.8	41.8～46.7	46.8～52.6	52.7～54.5	≥54.6
146.0～146.9	<42.1	42.1～47.1	47.2～53.1	53.2～55.1	≥55.2
147.0～147.9	<42.4	42.4～47.5	47.6～53.7	53.8～55.7	≥55.8
148.0～148.9	<42.6	42.6～47.9	48.0～54.2	54.3～56.3	≥56.4
149.0～149.9	<42.9	42.9～48.3	48.4～54.8	54.9～56.6	≥56.7
150.0～150.9	<43.2	43.2～48.8	48.9～55.4	55.5～57.6	≥57.7
151.0～151.9	<43.5	43.5～49.2	49.3～56.0	56.1～58.2	≥58.3
152.0～152.9	<43.9	43.9～49.7	49.8～56.5	56.6～58.7	≥58.8
153.0～153.9	<44.2	44.2～50.1	50.2～57.0	57.1～59.3	≥59.4
154.0～154.9	<44.7	44.7～50.6	50.7～57.5	57.6～59.8	≥59.9
155.0～155.9	<45.2	45.2～51.1	51.2～58.0	58.1～60.7	≥60.8
156.0～156.9	<45.6	45.6～51.6	51.7～58.7	58.8～61.0	≥61.1
157.0～157.9	<46.1	46.1～52.1	52.2～59.2	59.3～61.5	≥61.6
158.0～158.9	<46.6	46.6～52.6	52.7～59.8	59.9～62.2	≥62.3
159.0～159.9	<46.9	46.9～53.1	53.2～60.3	60.4～62.7	≥62.8
160.0～160.9	<47.4	47.4～53.6	53.7～60.9	61.0～63.4	≥63.5
161.0～161.9	<48.1	48.1～54.3	54.4～61.6	61.7～64.1	≥64.2
162.0～162.9	<48.5	48.5～54.8	54.9～62.2	62.3～64.8	≥64.9
163.0～163.9	<49.0	49.0～55.3	55.4～62.8	62.9～65.3	≥65.4
164.0～164.9	<49.5	49.5～55.9	56.0～63.4	63.5～65.9	≥66.0
165.0～165.9	<49.9	49.9～56.4	56.5～64.1	64.2～66.6	≥66.7
166.0～166.9	<50.4	50.4～56.9	57.0～64.6	64.7～67.0	≥67.1

续表

身高段（厘米）	营养不良	较低体重	正常体重	超重	肥胖
	50 分	60 分	100 分	60 分	50 分
167.0～167.9	<50.8	50.8～57.3	57.4～65.0	65.1～67.5	≥67.6
168.0～168.9	<51.1	51.1～57.7	57.8～65.5	65.6～68.1	≥68.2
169.0～169.9	<51.6	51.6～58.2	58.3～66.0	66.1～68.6	≥68.7
170.0～170.9	<52.1	52.1～58.7	58.8～66.5	66.6～69.1	≥69.2
171.0～171.9	<52.5	52.5～59.2	59.3～67.2	67.3～69.8	≥69.9
172.0～172.9	<53.0	53.0～59.8	59.9～67.8	67.9～70.4	≥70.5
173.0～173.9	<53.5	53.5～60.3	60.4～68.4	68.5～71.1	≥71.2
174.0～174.9	<53.8	53.8～61.0	61.1～69.3	69.4～72.0	≥72.1
175.0～175.9	<54.5	54.5～61.5	61.6～69.9	70.0～72.7	≥72.8
176.0～176.9	<55.3	55.3～62.2	62.3～70.9	71.0～73.8	≥73.9
177.0～177.9	<55.8	55.8～62.7	62.8～71.6	71.7～74.5	≥74.6
178.0～178.9	<56.2	56.2～63.3	63.4～72.3	72.4～75.3	≥75.4
179.0～179.9	<56.7	56.7～63.8	63.9～72.8	72.9～75.8	≥75.9
180.0～180.9	<57.1	57.1～64.3	64.4～73.5	73.6～76.5	≥76.6
181.0～181.9	<57.7	57.7～64.9	65.0～74.2	74.3～77.3	≥77.4
182.0～182.9	<58.2	58.2～65.6	65.7～74.9	75.0～77.8	≥77.9
183.0～183.9	<58.8	58.8～66.2	66.3～75.7	75.8～78.8	≥78.9
184.0～184.9	<59.3	59.3～66.8	66.9～76.3	76.4～79.4	≥79.5
185.0～185.9	<59.9	59.9～67.4	67.5～77.0	77.1～80.2	≥80.3
186.0～186.9	<60.4	60.4～68.1	68.2～77.8	77.9～81.1	≥81.2
187.0～187.9	<60.9	60.9～68.7	68.8～78.6	78.7～81.9	≥82.0
188.0～188.9	<61.4	61.4～69.2	69.3～79.3	79.4～82.6	≥82.7
189.0～189.9	<61.8	61.8～69.8	69.9～79.9	80.0～83.2	≥83.3
190.0～190.9	<62.4	62.4～70.4	70.5～80.5	80.6～83.6	≥83.7

注：身高低于表中所列出的最低身高段的下限值时，身高每低 1 厘米，实测体重需加上 0.5 千克，实测身高需加上 1 厘米，再查表确定分值。身高高于表中所列出的最高身高段时，身高每高 1 厘米，其实测体重需减去 0.9 千克，实测身高需减去 1 厘米，再查表确定分值。

附表 2　大学一年级至四年级女生身高标准体重　（体重单位：千克）

身高段（厘米）	营养不良	较低体重	正常体重	超重	肥胖
	50 分	60 分	100 分	60 分	50 分
140.0 ~ 140.9	<36.5	36.5 ~ 42.4	42.5 ~ 50.6	50.7 ~ 53.3	≥53.4
141.0 ~ 141.9	<36.6	36.6 ~ 42.9	43.0 ~ 51.3	51.4 ~ 54.1	≥54.2
142.0 ~ 142.9	<36.8	36.8 ~ 43.2	43.3 ~ 51.9	52.0 ~ 54.7	≥54.8
143.0 ~ 143.9	<37.0	37.0 ~ 43.5	43.6 ~ 52.3	52.4 ~ 55.2	≥55.3
144.0 ~ 144.9	<37.2	37.2 ~ 43.7	43.8 ~ 52.7	52.8 ~ 55.6	≥55.7
145.0 ~ 145.9	<37.5	37.5 ~ 44.0	44.1 ~ 53.1	53.2 ~ 56.1	≥56.2
146.0 ~ 146.9	<37.9	37.9 ~ 44.4	44.5 ~ 53.7	53.8 ~ 56.7	≥56.8
147.0 ~ 147.9	<38.5	38.5 ~ 45.0	45.1 ~ 54.3	54.4 ~ 57.3	≥57.4
148.0 ~ 148.9	<39.1	39.1 ~ 45.7	45.8 ~ 55.0	55.1 ~ 58.0	≥58.1
149.0 ~ 149.9	<39.5	39.5 ~ 46.2	46.3 ~ 55.6	55.7 ~ 58.7	≥58.8
150.0 ~ 150.9	<39.9	39.9 ~ 46.6	46.7 ~ 56.2	56.3 ~ 59.3	≥59.4
151.0 ~ 151.9	<40.3	40.3 ~ 47.1	47.2 ~ 56.7	56.8 ~ 59.8	≥59.9
152.0 ~ 152.9	<40.8	40.8 ~ 47.6	47.7 ~ 57.4	57.5 ~ 60.5	≥60.6
153.0 ~ 153.9	<41.4	41.4 ~ 48.2	48.3 ~ 57.9	58.0 ~ 61.1	≥61.2
154.0 ~ 154.9	<41.9	41.9 ~ 48.8	48.9 ~ 58.6	58.7 ~ 61.9	≥62.0
155.0 ~ 155.9	<42.3	42.3 ~ 49.1	49.2 ~ 59.1	59.2 ~ 62.4	≥62.5
156.0 ~ 156.9	<42.9	42.9 ~ 49.7	49.8 ~ 59.7	59.8 ~ 63.0	≥63.1
157.0 ~ 157.9	<43.5	43.5 ~ 50.3	50.4 ~ 60.4	60.5 ~ 63.6	≥63.7
158.0 ~ 158.9	<44.0	44.0 ~ 50.8	50.9 ~ 61.2	61.3 ~ 64.5	≥64.6
159.0 ~ 159.9	<44.5	44.5 ~ 51.4	51.5 ~ 61.7	61.8 ~ 65.1	≥65.2
160.0 ~ 160.9	<45.0	45.0 ~ 52.1	52.2 ~ 62.3	62.4 ~ 65.6	≥65.7
161.0 ~ 161.9	<45.4	45.4 ~ 52.5	52.6 ~ 62.8	62.9 ~ 66.2	≥66.3
162.0 ~ 162.9	<45.9	45.9 ~ 53.1	53.2 ~ 63.4	63.5 ~ 66.8	≥66.9
163.0 ~ 163.9	<46.4	46.4 ~ 53.6	53.7 ~ 63.9	64.0 ~ 67.3	≥67.4
164.0 ~ 164.9	<46.8	46.8 ~ 54.2	54.3 ~ 64.5	64.6 ~ 67.9	≥68.0
165.0 ~ 165.9	<47.4	47.4 ~ 54.8	54.9 ~ 65.0	65.1 ~ 68.3	≥68.4
166.0 ~ 166.9	<48.0	48.0 ~ 55.4	55.5 ~ 65.5	65.6 ~ 68.9	≥69.0

续表

身高段（厘米）	营养不良	较低体重	正常体重	超重	肥胖
	50 分	60 分	100 分	60 分	50 分
167.0～167.9	<48.5	48.5～56.0	56.1～66.2	66.3～69.5	≥69.6
168.0～168.9	<49.0	49.0～56.4	56.5～66.7	66.8～70.1	≥70.2
169.0～169.9	<49.4	49.4～56.8	56.9～67.3	67.4～70.7	≥70.8
170.0～170.9	<49.9	49.9～57.3	57.4～67.9	68.0～71.4	≥71.5
171.0～171.9	<50.2	50.2～57.8	57.9～68.5	68.6～72.1	≥72.2
172.0～172.9	<50.7	50.7～58.4	58.5～69.1	69.2～72.7	≥72.8
173.0～173.9	<51.0	51.0～58.8	58.9～69.6	69.7～73.1	≥73.2
174.0～174.9	<51.3	51.3～59.3	59.4～70.2	70.3～73.6	≥73.7
175.0～175.9	<51.9	51.9～59.9	60.0～70.8	70.9～74.4	≥74.5
176.0～176.9	<52.4	52.4～60.4	60.5～71.5	71.6～75.1	≥75.2
177.0～177.9	<52.8	52.8～61.0	61.1～72.1	72.2～75.7	≥75.8
178.0～178.9	<53.2	53.2～61.5	61.6～72.6	72.7～76.2	≥76.3
179.0～179.9	<53.6	53.6～62.0	62.1～73.2	73.3～76.7	≥76.8
180.0～180.9	<54.1	54.1～62.5	62.6～73.7	73.8～77.0	≥77.1
181.0～181.9	<54.5	54.5～63.1	63.2～74.3	74.4～77.8	≥77.9
182.0～182.9	<55.1	55.1～63.8	63.9～75.0	75.1～79.4	≥79.5
183.0～183.9	<55.6	55.6～64.5	64.6～75.7	75.8～80.4	≥80.5
184.0～184.9	<56.1	56.1～65.3	65.4～76.6	76.7～81.2	≥81.3
185.0～185.9	<56.8	56.8～66.1	66.2～77.5	77.6～82.4	≥82.5
186.0～186.9	<57.3	57.3～66.9	67.0～78.6	78.7～83.3	≥83.4

注：身高低于表中所列出的最低身高段的下限值时，身高每低 1 厘米，实测体重需加上 0.5 千克，实测身高需加上 1 厘米，再查表确定分值。身高高于表中所列出的最高身高段时，身高每高 1 厘米，其实测体重需减去 0.9 千克，实测身高需减去 1 厘米，再查表确定分值。

附表 3　大学男生评分标准

等级	单项得分	肺活量体重指数	1000 米/(分·秒)	台阶试验	50 米跑/秒	立定跳远/米	掷实心球/米	握力体重指数	引体向上/次	坐位体前屈/厘米	跳绳/(次/分钟)	篮球运球/秒	足球运球/秒	排球垫球/次
优秀	100	84	3′27″	82	6.0	2.66	15.7	92	26	23.0	198	8.6	6.3	50
	98	83	3′28″	80	6.1	2.65	15.2	91	25	22.6	193	9.0	6.5	49
	96	82	3′31″	77	6.2	2.63	14.4	90	24	22.0	186	9.6	6.9	46
	94	81	3′33″	74	6.3	2.62	13.6	89	23	21.4	178	10.3	7.3	44
	92	80	3′35″	71	6.4	2.60	12.5	87	22	20.6	168	11.1	7.7	41
	90	78	3′39″	67	6.5	2.58	11.5	86	21	19.8	158	12.0	8.2	38
良好	87	77	3′42″	65	6.6	2.56	11.3	84	20	18.9	152	12.4	8.5	37
	84	75	3′45″	63	6.8	2.52	10.9	81	19	17.5	144	12.9	8.9	34
	81	73	3′49″	60	7.0	2.48	10.5	79	18	16.2	136	13.5	9.3	32
	78	71	3′53″	57	7.3	2.43	10.0	75	17	14.3	124	14.3	9.9	29
	75	68	3′58″	53	7.5	2.38	9.5	72	16	12.5	113	15.0	10.4	26
及格	72	66	4′05″	52	7.6	2.35	9.3	70	15	11.3	108	15.6	10.7	25
	69	64	4′12″	51	7.7	2.31	8.9	66	14	9.5	101	16.6	11.2	23
	66	61	4′19″	50	7.8	2.26	8.5	63	13	7.8	94	17.5	11.7	21
	63	58	4′26″	48	8.0	2.20	8.0	59	12	5.4	85	18.8	12.3	18
	60	55	4′33″	46	8.1	2.14	7.5	54	11	3.0	75	20.0	12.9	15
不及格	50	54	4′40″	45	8.2	2.12	7.3	53	9	2.4	71	20.6	13.3	14
	40	52	4′47″	44	8.3	2.09	7.0	51	8	1.4	64	21.6	13.8	12
	30	51	4′54″	43	8.5	2.06	6.7	49	7	0.5	58	22.5	14.3	10
	20	49	5′01″	42	8.6	2.03	6.2	47	6	−0.8	49	23.8	15.0	8
	10	47	5′08″	40	8.8	1.99	5.8	44	5	−2.0	40	25.0	15.7	5

附表 4　大学女生评分标准

等级	单项得分	肺活量体重指数	800 米/（分·秒）	台阶试验	50 米跑/秒	立定跳远/米	掷实心球/米	握力体重指数	仰卧起坐/（次/分钟）	坐位体前屈/厘米	跳绳/（次/分钟）	篮球运球/秒	足球运球/秒	排球垫球/次
优秀	100	70	3′24″	78	7.2	2.07	8.6	74	52	21.1	190	11.2	7.3	46
	98	69	3′27″	75	7.3	2.06	8.5	73	51	20.8	184	11.5	7.8	44
	96	68	3′29″	72	7.4	2.05	8.4	72	50	20.3	175	12.0	8.6	41
	94	67	3′32″	69	7.5	2.03	8.2	71	49	19.8	166	12.6	9.4	38
	92	65	3′35″	64	7.7	2.01	8.0	69	47	19.2	154	13.3	10.5	34
	90	64	3′38″	60	7.8	1.99	7.8	67	45	18.6	142	14.0	11.5	30
良好	87	63	3′42″	59	7.9	1.97	7.7	66	44	17.7	137	14.6	11.9	29
	84	61	3′46″	57	8.0	1.93	7.6	63	43	16.3	130	15.6	12.5	27
	81	59	3′50″	55	8.2	1.89	7.5	61	42	15.0	122	16.5	13.2	25
	78	57	3′54″	52	8.3	1.84	7.4	58	40	13.1	112	17.8	14.0	23
	75	54	3′58″	49	8.5	1.79	7.2	55	38	11.3	102	19.0	14.9	20
及格	72	53	4′03″	48	8.6	1.76	7.1	53	37	10.1	98	19.8	15.6	19
	69	51	4′08″	47	8.7	1.72	7.0	50	35	8.3	92	20.9	16.7	17
	66	49	4′13″	46	8.8	1.69	6.8	48	33	6.5	86	22.0	17.8	15
	63	46	4′18″	44	8.9	1.63	6.6	44	31	4.1	78	23.5	19.3	13
	60	43	4′23″	42	9.0	1.58	6.4	40	28	1.7	70	25.0	20.8	10
不及格	50	42	4′30″	41	9.1	1.56	6.2	39	27	1.5	66	25.8	21.2	9
	40	41	4′37″	40	9.3	1.53	6.0	38	26	1.3	59	26.9	21.9	8
	30	39	4′44″	39	9.5	1.50	5.7	36	25	1.0	53	28.0	22.5	7
	20	37	4′51″	38	9.8	1.46	5.4	34	23	0.6	44	29.5	23.4	6
	10	35	5′00″	36	10.0	1.42	5.0	32	21	0.2	35	31.0	24.3	4

注：附表 1 至附表 4 引自教育部.《国家学生体质健康标准》. 2007

附录二

大学生心理健康自评量表（SCL—90）

《症状自评量表（SCL—90）》（附表5）是世界上最著名的心理健康测试量表之一，是当前使用最为广泛的精神障碍和心理疾病门诊检查量表，能有效诊断学生的心理健康状况，确定学生心理健康问题或障碍的症状及特点，能为学校开展心理健康教育、推行心理辅导与咨询工作提供依据，进而为促进学生的全面发展和提高教育质量服务。

（1）测试构成。本测验共90个自我评定项目。测验的9个因子分别为：躯体化、强迫症状、人际关系敏感、抑郁、焦虑、敌对、恐怖、偏执及精神病性。

附表5　SCL—90测试的9个因子

因子	项目	得分=项目总分/项目数
躯体化	1、4、12、27、40、42、48、49、52、53、56、58	
强迫症状	3，9，10，28，38，45，46，51，55，65	
人际关系敏感	6，21，34，36，37，41，61，69，73	
抑郁	5，14，15，20，22，26，29，30，31，32，54，71，79	
焦虑	2，17，23，33，39，57，72，78，80，86	
敌对	11，24，63，67，74，81	
恐怖	13，25，47，50，70，75，82	
偏执	8，18，43，68，76，83	
精神病性	7，16，35，62，77，84，85，87，88，90	
睡眠及饮食	19，44，59，60，64，66，89	

（2）评定方法。分为5级评分（从0～4级），0=从无，1=轻度，2=中度，3=相当重，4=严重。

（3）得分解释。得分解释见附录二

（4）正常人 SCL—90 因子分常模（附表 6）

附表 6　正常人 SCL—90 因子分常模表

因子	X+SD	因子	X+SD
躯体化	1.37+0.48	敌对性	1.46+0.55
强迫	1.62+0.58	恐怖	1.23+0.41
人际关系	1.65+0.61	偏执	1.43+0.57
抑郁	1.5+0.59	精神病性	1.29+0.42
焦虑	1.39+0.43		

正常成人 SCL—90 的因子分常模，如果因子分超过常模即为异常。

指导语：以下列出了有些人可能会有的问题，请您仔细阅读每一条，然后根据最近一星期内下列问题是否存在，它们影响你或使你感到苦恼的实际感觉，在每题后相应的项目上画“√”，请不要漏题附表 7。

附表 7　症状自评量表（SCL—90）

编号	症状	从无	轻度	中度	偏重	严重
1	头痛					
2	神经过敏，心中不踏实					
3	头脑中有不必要的想法或字句盘旋					
4	头昏或昏倒					
5	对异性的兴趣减退					
6	对旁人责备求全					
7	感到别人能控制您的思想					
8	责怪别人制造麻烦					
9	忘性大					
10	担心自己的衣饰不整齐及仪态的不端正					
11	容易烦恼和激动					
12	胸痛					
13	害怕空旷的场所或街道					
14	感到自己的精力下降，活动减慢					
15	想结束自己的生命					

续表

编号	症状	从无	轻度	中度	偏重	严重
16	听到旁人听不到的声音					
17	发抖					
18	感到大多数人都不可信任					
19	胃口不好					
20	容易哭泣					
21	同异性相处时感到害羞不自在					
22	感到受骗，中了圈套或有人想抓住您					
23	无缘无故地突然感到害怕					
24	自己不能控制地大发脾气					
25	怕单独出门					
26	经常责怪自己					
27	腰痛					
28	感到难以完成任务					
29	感到孤独					
30	感到苦闷					
31	过分担忧					
32	对事物不感兴趣					
33	感到害怕					
34	您的感情容易受到伤害					
35	旁人能知道您的私下想法					
36	感到别人不理解您、不同情您					
37	感到人们对您不友好，不喜欢您					
38	做事必须做得很慢以保证做得正确					
39	心跳得很厉害					
40	恶心或胃部不舒服					
41	感到比不上他人					
42	肌肉酸痛					
43	感到有人在监视您，谈论您					

续表

编号	症状	从无	轻度	中度	偏重	严重
44	难以入睡					
45	做事必须反复检查					
46	难以做出决定					
47	怕乘电车、公共汽车、地铁或火车					
48	呼吸有困难					
49	一阵阵发冷或发热					
50	因为感到害怕而避开某些东西、场合或活动					
51	脑子变空了					
52	身体发麻或刺痛					
53	喉咙有梗塞感					
54	感到前途没有希望					
55	不能集中注意力					
56	感到身体的某一部分软弱无力					
57	感到紧张或容易紧张					
58	感到手或脚发重					
59	想到死亡的事					
60	吃得太多					
61	当别人看着您或议论您时感到不自在					
62	有一些不属于您自己的想法					
63	有想打人或伤害他人的冲动					
64	醒得太早					
65	必须反复洗手、点数					
66	睡得不稳不深					
67	有想摔坏或破坏东西的想法					
68	有一些别人没有的想法					
69	感到对别人神经过敏					
70	在商店或电影院等人多的地方感到不自在					
71	感到任何事情都很困难					

续表

编号	症状	从无	轻度	中度	偏重	严重
72	一阵阵恐惧或惊恐					
73	感到在公共场所吃东西很不舒服					
74	经常与人争论					
75	单独一人时神经很紧张					
76	别人对您的成绩没有恰当的评价					
77	即使和别人在一起也感到孤单					
78	感到坐立不安，心神不定					
79	感到自己没有什么价值					
80	感到熟悉的东西变得陌生或不像是真的					
81	大叫或摔东西					
82	害怕会在公共场所昏倒					
83	感到别人想占您的便宜					
84	为一些有关性的想法而很苦恼					
85	您认为应该因为自己的过错而受到惩罚					
86	感到要很快把事情做完					
87	感到自己身体有严重问题					
88	从未感到和其他人很亲近					
89	感到自己有罪					
90	感到自己的脑子有毛病					

《症状自评量表（SCL—90）》得分解释：

1. 总症状指数

指总的来看，被试的自我症状评价介于“从无”到“严重”的哪一个水平。总症状指数的分数在0~0.5，表明被试自我感觉没有量表中所列的症状；在0.5~1.5，表明被试感觉有点症状，但发生得并不频繁；在1.5~2.5，表明被试感觉有症状，其严重程度为轻到中度；在2.5~3.5，表明被试感觉有症状，其程度为中到严重；在3.5~4表明被试感觉有，且症状的频度和强度都十分严重。

2. 阳性项目数

指被评为1~4分的项目数分别是多少，它表示被试在多少项目中感到

"有症状"。

3. 阴性项目数

指被评为 0 分的项目数，它表示被试"无症状"的项目有多少。

4. 阳性症状均分

指个体自我感觉不佳的项目的程度究竟处于哪个水平。其意义与总症状指数的相同。

5. 因子分

SCL—90 包括 9 个因子，每一个因子反映出个体某方面的症状情况，通过因子分可了解症状分布特点。当个体在某一因子的得分大于 2 时，即超出正常均分，则个体在该方面就很有可能有心理健康方面的问题。

（1）躯体化。主要反映身体不适感，包括心血管、胃肠道、呼吸和其他系统的不适；头痛、背痛、肌肉酸痛，以及焦虑等躯体不适表现。该分量表的得分在 0～48 分。得分在 24 分以上，表明个体在身体上有较明显的不适感，并常伴有头痛、肌肉酸痛等症状。得分在 12 分以下，躯体症状表现不明显。总的说来，得分越高，躯体的不适感越强；得分越低，症状体验越不明显。

（2）强迫症状。主要指那些明知没有必要，但又无法摆脱的无意义的思想、冲动和行为，还有一些比较一般的认知障碍的行为征象也在这一因子中反映。该分量表的得分在 0～40 分。得分在 20 分以上，强迫症状较明显。得分在 10 分以下，强迫症状不明显。总的说来，得分越高，表明个体越无法摆脱一些无意义的行为、思想和冲动，并可能表现出一些认知障碍的行为征兆。得分越低，表明个体在此种症状上表现越不明显，没有出现强迫行为。

（3）人际关系敏感。主要是指在某些人际交往中有些不自在与自卑感，特别是与其他人相比较时更加突出。在人际交往中的自卑感，心神不安，明显的不自在，以及在人际交往中的不良自我暗示，消极的期待等是这方面症状的典型原因。

该分量表的得分在 0～36 分。得分在 18 分以上，表明个体对人际关系较为敏感，在人际交往中自卑感较强，并伴有行为症状（如坐立不安，退缩等）。得分在 9 分以下，表明个体在人际关系上较为正常。总的说来，得分越高，个体在人际交往中表现的问题就越多，自卑、自我中心越突出，并且已表现出消极的期待。得分越低，个体在人际关系上越能应付自如，人际交流自信、胸有成竹，并抱有积极的期待。

（4）抑郁。指苦闷的情感与心境为代表的症状，还以生活兴趣的减退、缺乏动力，丧失活力等为特征。还表现出失望、悲观以及与抑郁相联系的认知和躯体方面的感受，另外，还包括有关死亡的思想和自杀观念。该分量表的得分在 0～52 分。得分在 26 分以上，表明个体的抑郁程度较强，生活缺乏足够的兴趣，缺乏运动活力，在极端情况下，可能会有想死亡的思想和自杀的观念。得分在13分以下，表明个体抑郁程度较弱，生活态度乐观积极，充满活力，心境愉快。总的说来，得分越高，抑郁程度越明显；得分越低，抑郁程度越不明显。

（5）焦虑。一般指那些烦躁，坐立不安，神经过敏，紧张以及由此产生的躯体征象，如震颤等。该分量表的得分在0～40分。得分在20分以上，表明个体较易焦虑，易表现出烦躁、不安静和神经过敏，极端时可能导致惊恐发作。得分在10分以下，表明个体不易焦虑，易表现出安定的状态。总的说来，得分越高，焦虑表现越明显；得分越低，越不会导致焦虑。

（6）敌对。主要从三方面来反映敌对的表现：思想、感情及行为。其项目包括厌烦的感觉，摔物，争论直到不可控制的脾气暴发等各方面。该分量表的得分在0～24分。得分在12分以上，表明个体易表现出敌对的思想、情感和行为。得分在6分以下表明个体容易表现出友好的思想、情感和行为。总的说来，得分越高，个体越容易敌对，好争论，脾气难以控制；得分越低，个体的脾气越温和，待人友好，不喜欢争论，无破坏行为。

（7）恐怖。恐惧的对象包括出门旅行，空旷场地，人群或公共场所和交通工具。此外，还有社交恐怖。该分量表的得分在0～28分。得分在14分以上，表明个体恐怖症状较为明显，常表现出对社交、广场和人群的恐惧，得分在7分以下，表明个体的恐怖症状不明显。总的说来，得分越高，个体越容易对一些场所和物体发生恐惧，并伴有明显的躯体症状；得分越低，个体越不易产生恐怖心理，越能正常地参与交往和活动。

（8）偏执。主要指投射性思维，敌对、猜疑、妄想、被动体验和夸大等。该分量表的得分在0～24分。得分在12分以上，表明个体的偏执症状明显，较易猜疑和敌对，得分在6分以下，表明个体的偏执症状不明显。总的说来，得分越高，个体越易偏执，表现出投射性的思维和妄想；得分越低，个体思维越不易走极端。

（9）精神病性。反映各式各样的急性症状和行为，即限定不严的精神病性过程的症状表现。该分量表的得分在0～40分。得分在20分以上，表明个体的精神病性症状较为明显，得分在10分以下，表明个体的精神病性症状不明显。总的说来，得分越高、越多地表现出精神病性症状和行为；得分越低，就越少表现出这些症状和行为。

（10）其他项目。作为附加项目或其他，作为第10个因子来处理，以便使各因子分之和等于总分。

附录三

大学生社会适应测试量表（附表8，附表9）

附表8　大学生社会适应测试量表

编号	症状	是	无法肯定	不是
1	最怕转学或转班级，每到一个新环境，我总要经过很长一段时间才能适应			
2	每到一个新的地方，我很容易同别人接近			
3	在陌生人面前，我常无话可说，以至感到尴尬			
4	我最喜欢学习新知识或进行创造性的活动，它给我一种新鲜感，能调动我的积极性			
5	每到一个新地方，我第一天总是睡不好，就是在家里，只要换一张床，有时也会失眠			
6	不管生活条件有多大变化，我也能很快习惯			
7	越是人多的地方，我越感到紧张			
8	在正式比赛或考试时，我的成绩多半不会比平时练习差			
9	我最怕在众人面前发言，尤其是在导师们面前时，心紧张得都快跳出来了			
10	即使有的同学对我有看法，我仍能同他（她）交往			
11	能很好地处理与周围同学的关系			
12	和同学、家人相处，我很少固执己见，乐于采纳别人的看法			
13	同别人争论时，我常常感到语塞，事后才想起该怎样反驳对方，可惜已经太迟了			
14	我对生活条件要求不高，即使生活条件很艰苦，我也能过得很愉快			

续表

编号	症状	是	无法肯定	不是
15	有时自己明明把要论述的东西记得非常清楚，但一到在众人面前发言时，还是会出差错			
16	在决定胜负的关键时刻，我虽然很紧张，但总能很快地使自己镇定下来			
17	我不喜欢的东西，不管怎么学也学不会			
18	在嘈杂混乱的环境里，我仍然能集中精力学习，并且效率较高			
19	我不喜欢陌生人来家里做客，每逢这种情况，我就有意回避			
20	我很喜欢参加社交活动，我感到这是交朋友的好机会			

附表 9　大学生社会适应测试量表得分评价

得分/分	得分评价
35 ~ 40	社会适应能力很强，能很快地适应新的学习、生活环境，与人交往轻松、大方，给人的印象极好，无论进入什么样的环境，都能应付自如，左右逢源
29 ~ 34	社会适应能力良好
17 ~ 28	社会适应能力一般，当进入一个新环境，经过一段时间的努力，基本上能适应
6 ~ 16	社会适应能力较差，依赖于较好的学习、生活环境，一旦遇到困难则易怨天尤人，甚至消沉
5 以下	社会适应能力很差，在各种新环境中，即使经过一段相当长时间的努力，也不一定能够适应，常常感到有些困惑，甚至与周围事物格格不入，因而十分苦恼。在与他人的交往中，总是显得拘谨，羞怯，手足无措

主要参考文献

[1] 周野. 校园体育文化探析 [J]. 科技信息，2007 (32).

[2] 教育部，国家体育总局，共青团中央. 关于开展全国亿万学生阳光体育运动的通知 [Z]. 教体艺 [2006] 6 号.

[3] 郑日昌. 大学生心理诊断 [M]. 济南：山东教育出版社，1999.

[4] 马万凤，徐金华，夏小平，等. 试论高校校园体育文化的特征及其功能 [J]. 北京体育大学学报，2003 (4).

[5] 蔡云. 高校校园体育文化的特点与建设初探 [J]. 山东体育科技，2004 (3).

[6] 郑厚成. 全国普通高等学校体育实践教程. 北京：高等教育出版社，1998.

[7] 邹继豪，孙麒麟. 体育与健康教程. 沈阳：辽宁大学出版社，2004.

[8] 田野. 运动生理学高级教程. 北京：高等教育出版社，2003.

[9] 张瑞林. 体育与健康. 济南：山东大学出版社，2002.

[10] 张力为，任未多. 体育运动心理学研究进展. 北京：高等教育出版社，2000.

[11] 樊富珉. 我国大学生心理咨询之发展. 大众心理学，1995 (6)：30-33.

[12] 耿培新. 论学校体育功能. 学校体育，1992 (6)：58.

[13] 华冠新. 大学生心理健康的标准. 济南：山东教育出版社，1996.

[14] 任未多. 身体活动与运动锻炼的心理效应研究综述. 体育科学，1997 (2)：75-81.

[15] 罗映清，曲宗湖. 体育运动心理学. 北京：北京体育大学出版社，1990.

[16] 丁雪琴. 运动员心理咨询手册. 北京：人民体育出版社，1989.

[17] 王效道. 医学心理学. 南京：江苏科学技术出版社，1984.

[18] 郁景祖. 大学生心理与调试. 上海：复旦大学出版社，1995.

[19] 王晓刚. 杭州商学院大学生心理健康测评. 中国心理卫生杂志，1992.

[20] 颜军. 体育教学心理学. 台湾：神州出版社，1993.

[21] 李玉玲，刘淑慧. 体育教学中贯彻心理健康教育的初步探讨. 第三

届全国学校体育卫生论文报告会论文汇编，1995.

［22］ 姒刚彦．体育活动与心理健康．武汉体育学院学报，1994（3）：58-62.

［23］ 张勇．羽毛球．北京：北京体育大学出版社，2003.

［24］ 邢登江，刘国庆．大学体育．北京：北京航空航天大学出版社，2004.

［25］ 俞继英．奥林匹克羽毛球．北京：人民体育出版社，2001.

［26］ 肖杰．学打羽毛球（每个球星都从这里开始）．北京：人民体育出版社，1999.

［27］ 郁鸿骏，戴金彪．羽毛球竞赛裁判手册．北京：人民体育出版社，2000.

［28］ 朱长喜，谭淑萍．体育与审美．北京：人民体育出版社，1995.

［29］ Bos K. Sport and gesundheit. Sportpsychologie, 1993 (1): 9-16.

［30］ Brawley L R. Motivation participation in the fitness group. Recreation Research Reports, 1979 (6): 35-39.

［31］ Cox R H. Sport Psychology: Concepts and Application 3rd ed. Madison: Brown & Benchmark, 1994.

［32］ Elis M J. Why people play. Englewood Cliffs, NJ: Prentice-Hall, 1973.

［33］ Perrin B. Survey of physical activity in the regional municipality of waterloo. Recreation research review, 1979 (64): 48-50.

［34］ Reifler C B. Epidemiologic aspects of college mental health. Journal of American College Health Association, 1971 (19): 159.

［35］ Wankel L M. The important of enjoyment to adherence and psychological benefits from physical activity. International Journal of Sport Psychology, 1993 (24): 151-169.

读者意见反馈

为收集对教材的意见建议，进一步完善教材编写并做好服务工作，读者可将对本教材的意见建议通过如下渠道反馈至我社。

咨询电话　400-810-0598

反馈邮箱　gjdzfwb@ pub. hep. cn

通信地址　北京市朝阳区惠新东街 4 号富盛大厦 1 座
　　　　　高等教育出版社总编辑办公室

邮政编码　100029